KB074900

제가 겉으론
웃고 있지만요

웃고 있지만요 제가 겉으론

같은 장소 다른 생각,
평온한 나의 오피스 멘탈을 위하여

함규정 지음

RHK
알에이치코리아

감정표현은
지극히 이성적인 소통 방식이다

인간은 누구나 감정을 가지고 있다. 이 책을 쓰고 있는 나도, 이 책을 들고 읽기 시작하는 당신도, 그리고 당신 옆에서 일하고 있는 동료와 소파에 앉아 TV를 보고있는 가족까지도 모두 감정을 가지고 살아간다. "저 사람은 피도 눈물도 없어", "우리 팀장님은 감정이 메말랐어"라고 우리는 종종 이야기하지만, 이 세상에 아예 감정을 느끼지 않는 사람은 존재하지 않는다.

인간의 감정은 고유하고도 중요한 몇 가지 특징을 갖는다. 누군가를 만나거나 특정한 상황에 놓이면 그에 걸맞는 감정이 생긴다는 점, 감정은 이성으로 온전히 통제되는 것이 아니라서 느끼지 않으려 해도 자연스럽게 발생한다는 점, 그리고 감정이 발생하면 반드시 밖으로 나타난다는 점 등이 대표적이다.

감정을 통제할 수 있다는 건 완벽한 착각이다. 감정을 적절히 조절할 수는 있지만, 완전히 차단하거나 아예 없던 상태로 만들기는 어렵다. 누군가를 좋아할 때를 떠올려보자. 저 멀리 걸어오는 그 사람의 실루엣만 봐도 심장부터 뛰기 시작한다. 얼굴이 후끈 달아오르고 입 안에 침이 바짝 마른다. 방금 전까지만 해도 유창하던 말솜씨가 급격히 어눌해진다. 그 사람의 눈을 제대로 쳐다보지 못하고 시선이 불안정해진다. 그러면 보다 못한 친구가 묻는다. "너 저 사람 좋아해?" 당신은 갑자기 정색하며 부인한다. "아냐! 무슨 근거로 그런 말을 해?! 내가 저 사람을 좋아한다는 증거라도 있어?" 물론 근거와 증거를 대라면 얼마든지 댈 수 있다. 얼굴, 자세, 목소리의 떨림까지 당신이 느끼는 감정을 당신의 몸이 만천하에 알려주고 있으니까.

절대 벗겨지지 않는 가면이 있을까

사람들은 자신의 감정을 타인이 알아챌까 봐 불안해한다. 특히 자신의 부정적인 감정들이 여과 없이 노출되는 것을 두려

위한다. 그래서 어떤 감정을 느끼든, 심지어 그것이 긍정적인 감정일지라도 일단은 타인에게 들키지 않으려고 노력한다. 될 수 있으면 '속을 모르겠는' 사람으로 비춰지길 바란다.

혹시 당신 주변에 좀처럼 자신의 감정을 드러내지 않는 사람이 있는가? 좋아도 무표정, 싫어도 무표정이라 도무지 감정을 느끼지 않는 것처럼 보이는 사람 말이다. 내 주변에도 그런 사람들이 있다. 사람 사는 게 다 비슷하다보니 나도 저런 상황이라면 꽤나 속이 상하겠구나 싶은데, 막상 어떤 감정표현도 하지 않고 무덤덤한 모습을 보이는 사람이 있다. 반가운 사람을 만나도 그저 "오랜만이야"라며 인사 한마디 던지고 마는 사람도 있다. 감정에 대한 본격적인 공부를 시작하기 전엔 이런 사람들이 신기하기도 했고 대단하다는 생각을 한 적도 있었다. 자신의 감정을 잘 다스릴 줄 아니까 저럴 수 있는 거라고 생각했다.

하지만 감정에 대해 점차 알아가기 시작하면서, 내가 잘못 이해했다는 걸 깨달았다. 긍정적인 것이든 부정적인 것이든 자신의 감정을 거의 드러내지 않는 사람은, 해당 감정을 잘 다스려서라기보다는 밖으로 드러내는 것이 불편해서였다. 밖으로 표현하지 않았을 뿐이지, 정작 그의 마음속에서는 표현되지 못한 온갖 감정들이 휘몰아쳐 실타래처럼 엉켜 있다. 생각해보면 스스로의 감정표현을 누구보다 엄격히 통제한 사람들이 바로 조선시대 양반들이었다. 그들은 배가 고파도, 속이 상해도, 마음이 조급해도, 질투가 나도 그 감정들을 밖으로 표현하지 않는 게 미덕이라고 여겼다. 양반들은 매사에 괜찮은 척, 하나도 힘들지 않은 척 고고한 표정과 행동을 유지했다. 하지만 과연 그 양반들은 정말로 괜찮았을까? 평민들에 비해 힘든 감정이나 즐거운 감정들을 적게 느껴서 과연 그들이 그렇게 행동한 걸까?

사실 자신의 감정을 표현하지 않는다는 건 다른 말로 표현하면 감정을 억제한다는 것인데, 이러면 삶에 대한 만족도가 확실히 줄어든다. 생각해보면 즐거울 때 즐겁다고 주위에 말하고, 왜 즐거운지에 대한 이유를 말하다가 더 신이 난다. 모처럼 응모한 이벤트에 당첨되어 뛸 듯이 기쁜데 이걸 혼자만 알고 느끼기에는 아쉽다. 옆 팀 동료에게도 말하고, SNS에도 올리고, 아파트 경비 아저씨에게도 알려주면서 우리는 기쁨과 즐거움을 표현한다. 감정은 표현하기 전보다 표현했을 때, 그 쾌감이 몇 배 이상 커진다.

속상하고 짜증이 났을 때도 마찬가지다. 초등학교 때 공부 못했던 친구가 얼마 전 동창모임에서 돈 걱정 안하고 살고 있다며 자랑을 한다. 술값까지 호기롭게 계산하는 걸 보고 속상해진 당신이 가족들에게 "속상하다"고 말한다. 가족들이 한마디씩 한다. "돈이 다가 아니잖아", "당신에겐 사랑하는 가족이 있잖아! 그게 더 중요하지!", "넌 네가 하고 싶은 일하면서 살고 있잖아". 당신이 느꼈던 속상함은 가족들의 위로로 점차 치유된다. 아까 동창모임에 앉아서 느꼈던 속상함과 짜증은 희석된다. 당신이 갖고 있는 것들이 의미 있게, 가치 있게 느껴진다. 일상에 만족할 수 있는 감정으로 금세 회복한다.

인간으로 태어나 사회라는 공동체 안에서 살아가다 보면, 감정을 나누는 것이 당연하다는 걸 대개는 깨닫는다. 그러다가 직장에 들어가고 스스로의 감정을 드러내는 것이 섣부른 행동임을, 불편함을 초래할 수 있는 행동임을 경험하면서 점차 감정을 숨기는 데에 집중한다. 직장 선후배, 상사들과 말하고 밥 먹고 출장도 가지만 감정의 가면을 쓰고 사람들을 대해야 안전하다고 생각한다.

하지만 우리가 일을 하는 이상, 동료들과의 관계를 아예 끊고 지낼 수 있을까? 그렇게 홀로 스스로의 감정을 견디면 일터에서 일상을 잘 버텨낼 수 있을까? 타인과 감정을 나누지 않은 채 내 안에만 가두고 살아가면 안전할까? 감정을 교류하며 더불어 살 때만큼 더 의미 있는 삶을 살 수 있을까? 우리가 생을 다하고 마지막 눈을 감을 때 "후회 없이 잘 살았다"라고 생각하게 될까?

사람들과 관계를 맺고 살아가는 건 힘든 일이다. 나와 성격도, 생각도 감정습관도 다른 사람들과 어울려 관계를 맺고 살아간다는 건 분명 어렵다. 타인을 이해하려다 내 감정만 더 복잡해지고 힘들어진다. 하지만 관계를 맺기 위해 감정을 나누는 건 함께 살아가는 인간들에게는 필연적인 과정이다. 우리 모두는 관계 속에서 살아가고 그 안에서 다양한 감정들을 느끼며 살 수밖에 없다. 그렇게 살면서 살아가는 재미를 느끼고 존재의 의미도 깨닫는다. 인간은 원래 그런 존재다.

조금만 솔직해져도 많이 자유로워진다면

관계가 힘들다고 '혼자'로 남을 순 없다. 우리는 관계를 떠나 혼자만의 삶을 꿈꿀 수도 있지만, 더 나은 일상을 위해 나 자신과 사람들과의 감정들을 돌아보고 더 행복한 관계를 만들 수도 있다. 그리고 이런 관계를 위해 큰 결심을 해야 하거나 배우기 어려운 기술들을 억지로 훈련할 필요는 없다. 여태껏 받은 상처를 뒤로하고, 새롭게 다시 관계를 형성하는 핵심은 단연코 '감정'이다.

사람마다 제각기 놓인 상황이 다르다. 그럼에도 인간관계에서 불변의 원칙은 있다. 인간은 누구나 감정을 갖고 있으며,

우리 자신뿐 아니라 우리가 매일 만나는 상대방 역시 인간이라는 점이다. 인간은 이성보다 감정이 앞선다. 그래서 관계 형성과 소통의 핵심은 감정이 될 수밖에 없다. 상대방의 감정을 제대로 읽을 수만 있다면 상대방이 원하는 것을 알게 되므로 상황을 해결하기가 더 쉬워진다. 내 감정을 상대방에게 현명하게 표현하면 서로에게 생길 수 있는 오해를 미리 방지하고 더 많은 호감을 줄 수도 있다. 감정이 서로 원활하게 읽히고 표현되면, 관계에서 받는 상처는 확실히 줄어든다.

직장생활에서도 마찬가지다. '대체 그 사람은 왜 그런 행동을 한 걸까?'를 가지고 밤새 뒤척이며 힘들어하지 않아도 된다. '아까 내가 상황에 맞지 않는 행동을 한 것 같아' 하며 마음 졸이고 후회하는 일도 줄어든다.

상대방의 감정을 읽고 대응하며, 나의 감정을 제대로 표현하는 법을 타고날 때부터 아는 사람도 있다. 하지만 그렇지 않은 경우가 대체로 더 많다. 지금까지 몰랐다고 해도 괜찮다. 지금부터 이 책을 읽으면서 다른 사람들과의 관계를 행복하게 형성해나가는 방법을 배워가면 된다. 다만 그러기 위해선, 지금까지 해왔던 당신만의 소통 방식을 잠시 내려놓아야 한다. 다른 사람들과 소통해온 당신의 스타일을 잠시만 뒤로 밀어놓자. 늘상 하던 대로 계속 당신의 스타일을 고집하다 보면, 새로운 것을 받아들이는 데에 시간이 오래 걸린다. 어쩌면 영영 받아들일 수 없을지도 모른다. 결국 당신은 계속 힘든 관계 속에서 허덕인 후 다시금 혼자 되기를 갈망하는 감정의 우물 안으로 들어가게 된다.

이 책은 감정을 읽고, 대하고, 나누는 방법에 대한 내용을 담고 있다. 이는 비언어적 커뮤니케이션 분야의 세계적인 석학 폴 에크먼Paul Ekman 박사의 지식과 스킬을 직접 훈련받은 내용을 기반으로, 기업 등의 현장에서 코칭과 교육을 하면서 얻은 경험과 연습 방법의 핵심을 알기 쉽게 정리했다.

소통 방식의 변화를 통해 우리는 효과적으로 사람들과의 관계를 바꿀 수 있다. '그들과의 관계가 좋아질 리가 없어'라는 체념은 잠시 접고, 당신의 마음을 활짝 열어둔 채 읽어나가기를 바란다.

함규정

목 차

3장 마음 씀씀이가 업무가 되지 않게
: 적절한 대응

4장 드러낼 땐 능숙하고 자신있게
: 오해 받지 않는 표현

- 세 세대가 함께 일하는 시대
- 제 표정도 인사고과에 반영되나요
- 착하고 조용하던 그 신입의 사직서

1장

정도껏 솔직하게, 밀레니얼의 회사생활

세 세대가
함께 일하는 시대

지금으로부터 30년 전에도, 회사 안에는 상사와 부하직원이 존재했다. 상사들과 부하직원들은 당연히 나이 차이가 났고 살아온 배경이 달랐으며 선호음식과 문화를 즐기는 취향도 달랐다. 이들은 적어도 8시간 이상을 한 공간에서 함께 일하면서 점심시간에는 같이 밥도 먹으며 부대꼈다. 때로는 갈등이 있었지만, 그럭저럭 시간이 지나가면 해결되고 무마되었다. '우리는 한솥밥 먹는 식구'라는 큰 기조 아래 서로 인내하며 넘어갔다.

그래서인지 세대 차이가 사회적 이슈로까지 확장되지는 않았다.

요즘 회사에서는 모든 사람이 세대 차이를 두고 유난히 시끄럽다. 오늘날에도 회사 안에는 상사와 부하직원이 있다. 30년 전과 마찬가지로 이들은 나이 차이도 나고 살아온 성장 배경도 다르다. 딱히 오늘날에만 세대 차이가 존재한 것도 아닌데 유독 최근 들어 세대 차이가 나는 사람들과 함께 일하는 것이 어렵다고 모두가 난리다. 상사는 상사대로, 부하직원은 부하직원대로 "내가 저 사람들 때문에 이렇게까지 마음고생을 하며 회사를 다녀야 하냐"고 말한다. 도대체 우리 회사 안에서는 무슨 일이 벌어지고 있는 걸까?

나는 올해로 딱 13년 차를 맞은 임원코치다. 지난 시간동안 정말 다양한 조직들을 접했고, 그보다 몇 배는 더 다양한 성향과 스타일을 가진 임원, 중간관리자, 직원들을 만나왔다. 해를 거듭할수록, '같은 조직 내에서 비슷한 일을 하는 사람들이 이렇게까지 서로 다를 수 있나' 하고 놀란다. "이 세상에 나 같은 사람은 나, 딱 한 명뿐이야" 라는 말은 익숙하다. 하지만 같은 사람으로 같은 나라에 살면서도 이렇게 큰 차이가 생길 수 있다는 걸 최근에 더 크게 실감한다. 왜 다른지에 대한 수많은 이유가 있지만, 조직 내에서 가장 잦은 갈등을 불러일으키는 요소가 바로 세대 차이다. 세대 간 차이로 인해, 많은 점이 달라진다.

쉬지 않는 삶이 복이다 - 베이비 붐 세대

지금 회사 안에는 대략 세 종류의 세대가 함께 존재한다. 베이비 붐 세대, X세대, 밀레니얼 세대다. 원래는 베이비 붐 세대 이전에 전통 세대가 있었다. 대략 1928년부터 1945년 사이에 태어난 이들로, 우리나라의 1970년대와 1980년대 경제를 이끈 분들이다. 대개 현재 대기업 창업주나 초기 창립 멤버들이 에에 해당된다. 전통 세대는 조직에 대한 충성심이 다른 세대들보다 훨씬 깊고 인내심 또한 강하다. 자신의 삶을 즐기며 살기보다는 주어진 의무에 최선을 다하며, 본인과 회사는 하나라고 생각했던 세대다.

그 다음 세대가 현재 조직 내에 머물고 있는 베이비 붐 세대다. 이들은 인구가 폭발적으로 증가한 1946년부터 1964년 사이에 태어난 세대다. 일 중독자가 많다는 점에서 전통 세대와 유사하며, 일과에 일이 없는 삶을 상상하기 힘들어한다. 주변에서 직원들이 "전무님은 나중에 은퇴하시면 뭘 하고 싶으세요?" 하고 물으면, 이런 대답을 한다. "내가 가진 전문 지식을 전수하는 일을 하고 싶어." "벤처기업 자문을 맡아서, 그 회사가 더 크게 성장할 수 있도록 만들고 싶어." 어찌 되었든 힘이 다하는 날까지 일을 손에서 놓지 않으려 한다.

누구도 미워할 수 없는 '낀' 세대 - X세대

베이비 붐 세대 다음이 바로 X세대다. 회사의 규모에 따라 조금씩 다르겠지만, 대개 X세대들이 현재 조직 내에서 상무, 팀장, 부장, 그룹장, 파트장 등의 이름으로 불리며, 중간관리자 급 이상을 맡고 있다. 밀레니얼 세대의 상사인 이들은 기존의 베이비 붐 세대와는 다르게 개인중심적 성향을 드러내며, 독립 적이고 타인의 간섭을 꺼려한다. 이전에 청바지 광고에서 "난 나야!"라는 문구가 등장한 적이 있었는데, X세대들 간에 이 말 이 한참 유행했다. X세대들은 혼자서도 잘 논다. 자기 방식대 로 일하고 놀고 생활하는 걸 좋아한다. 원래 X세대란 용어는 미국의 작가 더글러스 쿠플랜드Douglas Coupland가 1991년 뉴욕 에서 출간한 장편소설《제너레이션 엑스Generation-X》에서 유래 한다. 이후 필립 모리스라는 담배회사가 담뱃값을 인상하면서 신세대 고객을 위한 담배라는 이미지를 부각시킬 때 위 소설의 제목을 인용하면서 널리 알려졌다. 우리나라에서도 이 용어가 대중적으로 알려진 계기가 있는데, 바로 한 화장품 광고에서 X 세대를 신세대로 지칭하는 말로 표기하면서부터다.

X세대는 돈을 많이 벌고 난 후에는, 일에서 벗어나 자유롭 게 여행을 다니며 스스로 행복감을 더 많이 느끼고자 하는 욕 구가 뚜렷하다. 직장에서 관리자 급의 1960~1970년대생 X세

대들을 만나보면, 이런 경향이 뚜렷하다. "내가 커피를 좋아하거든요. 그래서 은퇴하면 바리스타 자격증을 따서 맛있는 커피를 만들고 싶어요", "사회봉사를 하는 게 꿈이에요. 청소년들을 도와주고 육성하고 싶어요." 돈을 더 벌겠다는 게 아니라 회사 다니느라 발휘 못한 재능을 활용해보겠다거나, 오랫동안 하고 싶었던 일에 도전해보겠다는 의미다.

세대 차이와 관련해 들었던 재미있는 에피소드가 있다. 개인적으로 아는 부장님이 창피한 일이 있었다며 내게 고백을 해왔다. 저녁 회식을 하는 날, 단체 채팅방에 업무를 "빨리빨리 끝내고 회식장소로 와요"라고 쓰려다가 나름 센스 있음을 보여주기 위해, "8282 끝내고 회식장소로 와요"라고 썼단다. 간만의 회식이라 기분도 좋아서 옛날에 자주 쓰던 유행어로 말이다. 그런데 직원들의 반응이 묵묵부답, 아무도 답을 달지 않았단다. 적어도 "ㅋㅋ"라든가 "옙~"이라는 답이라도 할 줄 알았는데, 직원들의 반응은 묵묵부답이었다. 부장은 그 이후로 다시는 이런 식의 문자를 올리지 않기로 다짐했다.

이 부분이 밀레니얼 세대의 또 다른 행동 차이다. X세대는, 베이비 붐 세대인 상사가 앞의 예시처럼 비슷한 메시지라도 보내면, 바로 채팅창에 "우하하하, 센스가 대단하십니다"라며 실시간으로 답을 한다. 딱히 아부하려고 한다기보다는, 상사가 문자를 남기면 답을 다는 것이 예의라고 생각해서다. 내가 상

제가 겉으론 웃고 있지만요

사에게 그렇게 행동했듯이 부하직원들도 본인에게 그렇게 대하는 것이 당연하다고 생각했는데, 그게 아니니 속이 상한다.

일은 일, 삶은 삶이다 - 밀레니얼 세대

X세대의 뒤를 이어 마지막으로 조직에는 밀레니얼 세대가 있다. 밀레니얼 세대라는 용어는 닐 하우Neil Howe, 윌리엄 스트라우스William Strauss가 1991년 출간한 『세대들, 미국 미래의 역사』에서 처음 사용되었다. 밀레니얼 세대의 가장 큰 특징은 IT에 강하다는 것이다. 대학 진학률은 유독 높으나 일자리 감소와 일자리 질 저하 등으로 인해 경제적 고통을 겪은 세대다. 그래서 결혼을 반드시 해야 한다거나 내 집이 있어야만 행복하다는 생각이 없다. 혼자 사는 삶도 충분히 재미와 의미가 있다고 믿는다. 명품 브랜드보다는 한정판에 더 열광하며, "내 꿈을 이루며 살아가고 있는가"에 대해 지속적으로 고민한다.

밀레니얼 세대를 가장 잘 설명하는 용어들 중에 대표적인 예가 바로 '욜로YOLO: You Only Live Once'다. '그때 그걸 했어야만 했는데' 라는 후회가 남지 않도록, 현재를 충분히 즐기려고 노력한다. 실제로 내가 아는 밀레니얼 후배들은 옆에서 보기에도 참 재미있게 지낸다. 일본에서 유명한 우동집에 갈 거라며 밤

비행기 티켓을 끊고, 원조 모히토를 맛보겠다며 쿠바의 도시로 홀쩍 떠난다. 그곳에서 우동사리를 젓가락에 끼우고, 모히토를 한 모금 머금은 채 사진을 찍어 SNS에 올린다. 그걸 바라보는 나는 배가 아플 정도로 부럽다. 나도 그러고 싶지만, 행동으로 옮기지 못한 주변 사람들은 핸드폰 사진에서 눈을 떼지 못한다. 그들은 의사결정이 빠르고, 주변의 시선을 크게 의식하지 않는다. 모든 세대들이 각각의 특징이 있고 강점이 있지만, 밀레니얼 세대는 멋진 세대다.

한편 회사에서는 밀레니얼 세대의 여러 특징 때문에 관리에 어려움을 느낀다. 이 회사가 아니면 안 된다는 절박함이 없으며, 언제라도 내가 있을 곳이 아니라고 판단되면 사표를 던지고 나갈 수 있는 과감한 사람들이기 때문이다. 회사가 개인의 삶을 책임져주지 않는다고 생각하기 때문에, 약속한 만큼 일하고 근무시간이 끝나면 정시에 퇴근해 자기계발과 취미생활에 몰두한다. 이들은 다른 말로 '트로피 세대'라고 부르는데, 그 이유는 트로피와 상장에 익숙한 세대란 뜻이다. 딱히 1등을 하지 않아도 학교와 각종 대회에서는 상을 준다. 축구대회에 나가서 우승을 하지 못해도, '열정상'이란 이름을 붙여 트로피를 수여한다. 합창대회에 나가 순위권 안에 못 들어도, 합창단원들 간 팀워크가 잘 이루어졌다며 화합상을 준다. 이 덕분에 밀레니얼 세대는 자존감이 강하고 자기애가 크다. 그런데 힘들게 입사한 회사에서 단순반복인 일이라고 여겨지는 업무를 맡기거나 자신의 적성에 맞지 않다고 생각되는 부서에 배치시키면, 이 회사를 다녀야 할 것인가에 대해 심각하게 고민한다.

회사 내에는 위에서 설명한 세 개의 세대가 뒤섞여 있다. 각자의 업무만 맡아서 하면 좋겠지만, 조직의 생리가 그렇지 않다. 하루에도 서너 번씩 회의를 하고, 목표를 달성하기 위해 치열하게 협의하고, 결과물을 함께 만들어내야 한다. 공감하기 힘든 상사 세대를 맞춰가며 일하는 밀레니얼 세대는 답답하고, 주관이 뚜렷한 밀레니얼 세대를 설득해가며 일해야 하는 상사 세대 역시 마음이 수시로 상한다.

밀레니얼 세대들 중에는 베이비 붐 세대의 자녀들이 많다. 극단적으로 설명하면, 밀레니얼 세대들은 회사에서 본인의 부모님뻘 부장님과 함께 일하는 것이라 보면 된다. 사실 특수한 경우를 제외하고는 동일한 세대로만 구성된 회사는 찾아보기 어렵다. 게다가 동일한 세대의 직원들만 있는 회사의 문화가 무조건 좋은 것은 아니다. 회사란 공통의 목적을 달성하기 위해 상호보완적인 기술들을 가진 사람들이 모인 집단이다. 취미나 봉사를 위해 모인 사람들이 아니다. 자신과 가족들을 위해 돈을 벌어야 하고 그 이윤을 위해 성과를 내야 하는 곳이다. 다양한 경험과 지식을 가진 사람들이 모여 있을수록, 오늘날과 같은 상황에서 생존하기 수월하다.

어딜 봐도 꼰대 같지만 뚝심이 있어 어려운 상황에 부딪혀도 묵묵히 헤쳐나가는 베이비 붐 세대, 까다롭고 잘 삐지지만 현장경험을 가지고 업무를 처리하는 X세대, 신기술에 친숙하다는 강점을 가지고 새로운 방식으로 문제를 바라보는 밀레니얼 세대가 제대로 협업할 때, 조직의 생존력이 높아진다.

'저 사람만 없었으면 내가 회사 다니기 더 편할 텐데….' 누구나 이런 생각을 할 때가 있다. 보고 또 봐도 어려운 상사에게 보고를 앞두고 있을 때, 까다로운 고객과의 미팅을 준비할 때, 이제 막 입사한, 모든 게 새로운 신입사원에게 업무와 매뉴얼들을 처음부터 가르쳐야 할 때 등 조직에서 만난 사람들로 마음이 힘들어질 때가 많다. 하지만 이게 바로 진짜 조직생활이다. 나와 다른 누군가와 합을 맞춰가며 성과를 만들어내고 다함께 성취감을 맛보는 곳이 바로 회사다. 당장 회사를 옮기거나 직장을 그만두면 이런 고민들에서 벗어날 것 같지만 그렇지가 않다. 어디든 나와 다른 세대, 성별, 배경을 가진 사람들이 존재한다. 우리는 평생 서로 다른 사람들과 감정을 보내기도 하고 받기도 하면서 살아가야 한다.

결국 유연한 마음을 가지는 것이 관건이다. 다른 세대에 비해 수용도가 높고 마음이 열린 밀레니얼 세대들은 훨씬 더 수월하다. 어떤 세대든 감정을 잘 다루겠다는 본인의 의지에 따라 얼마든지 똑똑하게, 그리고 행복하게 직장생활을 할 수 있다.

제 표정도
인사고과에 반영되나요

나를 바라보는 팀장의 표정이 어딘가 좋지 않다. 김 팀장은, 못마땅하지만 딱히 지적은 안하겠다는 특유의 애매모호한 표정을 지으며 나를 쳐다보고 있다.

오늘 아침 회의 시간, 팀장은 현재 우리 팀에서 진행 중인 프로젝트가 얼마나 중요한지를 목청 높여 설명했다. 업무를 성공적으로 완료하기 전까지는 될 수 있으면 다른 일들은 당분간 뒤로 미루고 팀 프로젝트에만 집중하자고 말했

제가 겉으론 웃고 있지만요

다. 그 말을 듣자마자 내 마음은 콩닥콩닥 뛰기 시작했다. 몇 달 전부터 친구들과 약속을 해두었던 여행이 바로 다음 주였다. 다음주 금요일에 반드시 휴가를 써야 2박 3일 여행이 가능하다. 이미 어제 휴가계를 올려놨는데, 아직 팀장이 보지 않은 모양이다.

회의가 끝나고 팀장에게로 갔다. "팀장님, 제가 어제 휴가계를 냈는데요. 다음주 금요일에는 출근하기 어려울 것 같습니다." 팀장은 내 말을 듣고는 대답한다. "오늘 아침에 금번 프로젝트가 정말 중요하다고 강조를 했는데, 무슨 뜻인지 이해를 못한 모양이네. 이 와중에 휴가를 꼭 가야겠어요?" 난감하다. 여행을 유독 좋아하는 나는 다른 건 몰라도 반년에 한 번쯤은 해외로 떠나는 게 나름의 목표다. 게다가 친구들과 같이 가기로 한 여행이라 나 혼자 취소한다고 될 일이 아니다. "가기 전에 제가 해야 할 일을 미리 마무리해놓고 가면 안 될까요, 팀장님? 비행기 표도 미리 사놔서⋯." 기어들어가는 목소리로 간신히 말해본다. 눈을 내리깔고 있던 팀장은 "알아서 하세요. 하지만 난 이런 경우는 앞으로 없었으면 좋겠어요. 한 명으로 인해 팀원들이 힘들어지니까." 목소리에 잔뜩 힘이 들어간 채 팀장이 말했다. 팀장의 입술이 굳게 다물어져 있다. 나는 압박감을 이기지 못하고 말한다. "아, 알겠습니다. 팀장님. 휴가계 낸 건 취소하겠습니다." 팀장은 급 밝아진 얼굴로 나를 보며 살짝 웃는다. "그래, 여행은 다음에 가도 되지만, 이번 프로젝트는 정말 중요한 거니까. 마무리하고 제대로 쉬어요." 나는 자꾸 굳어져가는 표정을 펴기 위해 안간힘을 쓴다. 미리 주문한 여행지 관련 책이며, 새로 산 여행가방 등이 생각난다. 친구들에겐 대체 뭐라고 말해야 할까? 비행기 표는 환불이 될까? 생각이 복잡하다. 서서히 억울함이 밀려든다.

점심시간이 되자, 팀장이 말한다. "다들 고생 많지? 점심이나 같이 하러 갑시다!" 지금 상태에서 팀장과 밥을 먹을 생각을 하니 체할 것만 같다. 나는 자리에서 엉거주춤 일어나며 팀장에게 말했다. "팀장님, 전 그냥 사무실에 있을게요. 다들 점심 맛있게 드시고 오세요." 나를 흘깃 본 팀장이 갑자기 표정이 확 바뀌며 한마디 던진다. "근데 김 대리, 아까부터 표정이 왜 그래? 휴가 건 때문에 그래? 차라리 그냥 휴가 가겠다고 말을 하든가. 하루 종일 그런 뚱한 표정 지으면 어떡해? 후, 진짜." 팀장은 혀를 차며 다른 사람들과 밥을 먹으러 나갔다.

물론 내 표정이 결코 좋지 않았으리라는 것을 알고 있다. 하지만 표정이 내 마음대로 안 되는 걸 어쩌나. 그렇다고 해도 사무실에서 큰 소리로 화를 낸 것도 아니고, 일을 엉망으로 한 것도 아닌데. 나도 어쩔 수 없는, 내 마음속에서 우러나오는 표정 가지고도 혼나야 하는 건가. 내 열받은 표정을 인사고과에라도 반영하겠다는 걸까?

표정이 왜 그러냐고 왜 물어보시나요

혹시 당신은, 지금까지 살면서 "너 표정이 왜 그래? 왜 그런 표정을 지어?"라는 이야기를 상대방으로부터 들어본 적이 있는가? 아마 자주는 아니더라도 살면서 한두 번쯤은 누군가로부터 들어봤을 수 있다. 가족끼리 외식을 가는 상황을 떠올려보자. 나와 동생은 스파게티가 먹고 싶다. 하지만 아버지는 우리가 먹고 싶지 않은 매운탕이 드시고 싶다고 하신다. 그 순간 나와 동생은 서로 마주보며 묘한 표정을 주고받는다. 그 표정을 읽으신 아버지가 "야, 너희들 표정이 왜 그래? 매운탕 먹기 싫은 거야?" 물어보신다. 신기하다. 사람은 마음속에 특정 감정이 생기면, 그 감정은 반드시 표정이나 몸 어딘가로 새어나간다. 작정하고 숨기기 전에는, 어쩔 수 없이 그 감정이 밖으로 드러난다.

직장에서는 일을 잘 못했다거나 성과가 부족하다는 등의 이유로 지적을 받는 경우가 흔하다. 하지만 알 수 없는 표정을 지었다는 이유로 지적 받는 건 흔한 일이 아니다. 게다가 감정이나 태도에 대한 이런 미묘한 지적은, 표현에 솔직한 밀레니얼 세대들에게 충격일 수 있다. 기성세대이긴 하나 독립적이고 개성 있는 X세대나, 학교에서는 자율성을 보장 받았던 밀레니얼 세대들에게는 표정으로 감정을 드러내는 일이 결코 이상한 일이 아니다. 그래서인지 회사에는 유독 자신의 감정을 표현하는 데에 거리낌 없는 사람들이 있다. 솔직하고 당당하게 자신의 의사를 표현하는 유형의 사람들이다.

문제는 이렇게 솔직하게 감정을 드러내거나 특정 태도를 보였을 때 안타깝게도 상사에게 꾸지람을 듣거나 안 좋은 이미지로 비춰진다는 점이다. 물론 "아무리 돈 받고 회사에서 일하는 거지만, 내 생각을 제대로 말하지 못하거나 표정을 지적받는다는 건 말도 안 돼요!"라고 반박할 수도 있다. 맞는 말이다.

최근 조직 내 수평문화 문제가 급부상하며 많은 사람이 상사와 부하직원 간 활발한 소통이 중요하다고 이야기한다. 모두가 이에 대해 알고 있다. 그러니 지나치게 상사 눈치를 보며 할 말을 꾹꾹 눌러 담을 필요는 없다. 의견이 있으면 소신 있게 밝히고, 아이디어가 있으면 앞장서서 발표하면 된다.

다만 본인의 의견이나 행동을 밖으로 드러내기 전에 스스로 미리 생각해야 할 점들이 있다. 생각을 말로 정리할 때는 쓰는 단어나 말투가 너무 센 건 아닌지, 지나치게 감정을 분출하고 있는 건 아닌지, 내 감정으로 인해 누군가가 상처 입는 건

아닌지, 상대방을 설득하는 게 아니라 오히려 혼란만 주는 건
아닌지 등을 잠깐이라도 생각해봐야 한다.

표현과 분출은 다르다

내 지인 중에 이런 사람이 있다. 오랜만에 만나서 "어디 갈
까?" 다들 장소를 논의하다가 어느 한 곳으로 결정이 난다. 그
말을 들은 지인의 얼굴이 갑자기 이상하게 변한다. 미간은 잔
뜩 찌푸려지고 고개는 연신 갸우뚱거리기 시작한다. 입을 앙
다문 채로 한숨을 쉰다. 함께 있는 사람들 모두가 눈치를 보며
불안해한다. 보다 못한 옆 사람이 "왜 그래? 거기 별로야?" 하
면 얼른 "응, 나 거기 안 내켜"라고 볼멘소리로 대답한다. 지인
은 자기 맘에 안 들면 온몸으로 '당신들의 결정이 정말 싫다!'
를 표현한다. 주변 사람들의 마음이 한순간에 불편해진다.

내 감정인데 내 맘대로 표현을 못하느냐고 하는 사람들이
있다. 절반은 맞고 절반은 틀린 주장이다. 절반이 맞는 이유는
자신의 감정은 자기 맘대로 표출할 수 있어서다. 내가 내 뜻대
로 행동하겠다는데 말릴 권한은 누구에게도 없다. 다만 절반은
틀리다고 한 이유는 누구에게도 자기 맘대로만 행동할 권한은
없어서다. 사람은 사회적 동물이다. 우리는 결코 혼자 살아가

지 않는다. 특히나 직장은 내 연봉을 쥐고 있는 상사, 협업해서 성과를 만들어내야 하는 동료, 관리하고 이끌어야 할 후배들이 모여 있는 곳이다. 의식주를 해결할 돈을 받고, 경력을 쌓아야 하는 곳이다. 많은 시간을 함께해야 하기 때문에 동료들은 우리에게 아주 중요하다. 그런 사람들에게 조절이 안 된 상태에서 내키는 대로 감정을 드러내면 후폭풍이 있을 수 있다. 관계가 틀어지고, 오해가 생기며, 나와 같이 일하기를 거부할 수도 있다.

직장을 다니면서 울컥해보지 않은 사람이 어디 있겠는가. 화, 짜증, 좌절, 우울함 등 부정적인 감정을 느끼는 것 자체는 나쁘지 않다. 마치 어린아이처럼 여과 없이 감정을 드러내는 것은 자칫 본인에게 해를 끼칠 수도 있다는 것이다. 그래서 감정을 표현하는 방법을 제대로 배우는 것이 정말 중요하다. 더구나 사람 많고 상황도 복잡한 직장에서는 감정표현도 전략적으로 해야 한다.

착하고 조용하던
그 신입의 사직서

어느 직장에서나 상사로부터 예쁨 받는 직원의 유형이 있다. 일 잘하는 직원, 인사 잘하는 직원, 행동이 빠른 직원, 하나를 가르치면 열을 아는 직원 등등. 이 중에서 단연코 상사들이 편안해하고 옆에 두고 싶어 하는 직원은 '순종적인 직원'이다. 물론 상사의 성향에 따라 소신 있게 자신의 의견을 피력하는 톡톡 튀는 직원을 더 선호할 수도 있다. 하지만 그동안 내가 코칭을 하면서 보아온 리더들은 상사에게 예의 바른 순한 직원들을 좋아했다.

　그중에서도 한 유명 기업의 인사팀 상무님이 대표적인 경우였다. 상무님은 나를 만날 때마다 데리고 있는 직원 한 명을 매번 칭찬하셨다. "이 친구가 아주 예의 있고, 일이 많아도 불평이 없어요. 자기가 좀 손해를 보게 되는 상황에서도, 불편함을 좀처럼 내색하지 않는다니까요." 그렇게 한 달 만에 다시 만난 상무님은 침이 마르게 칭찬한 이 직원이 퇴사했다며 아쉬워하셨다. "거참, 이상하죠? 별다른 불평도 하지 않았고, 힘들다는 말이나 억울하다는 말도 한 적이 없었거든요. 그런데 왜 갑자기 그만둔 건지 이해가 안 가요. 정말 순하고 착한 직원이었는데." 나는 상무님의 질문에 이렇게 답변드렸다. "순하고 착한 직원이라서 그만둔 거예요. 상무님."

우리 애가 말을 안 해서 그렇지

　주변을 잘 살펴보면, 이런 직원이 한 팀에 꼭 한두 명씩 있다. 대개는 선천적으로 기질이 약하고 내성적인 사람들이다. 어릴 때부터 부모와 선생님으로부터 '순둥이', '착한 아이' 등의 이야기를 들어온 이들은 평소 화를 잘 안 내는 경향이 있다. 그래서 형제자매 간에도 기 싸움에 눌려서 새 장난감이나 맛있는 음식은 주로 빼앗긴다.

성인이 되어 직장에 취업해도 어릴 때의 상황과 크게 다르지 않다. 부모에게 순종적이었던 모습처럼 직장 상사에게도 마찬가지다. 직장문화에 반기를 들거나 의문점을 제시하기보다는 그에 맞춰서 스스로를 적응시킨다. 자신이 저지른 잘못이 아닌데 억울하게 꾸중을 들은 경우에도, "제가 잘못한 일이 아닙니다!"라고 이야기하지 못하고 쭈뼛거린다. 그냥 자신이 혼나고 넘어가면 될 일을 큰 문제로 만드는 것이 아닌가 걱정한다. '그러느니 차라리 내가 참고 말지'가 이 유형의 공통점이다.

여기까지만 보면 이 유형에 그다지 큰 문제점은 없어 보인다. 회사 분위기를 원만하게 만들고, 상사를 착실하게 보필하며, 모나게 굴지 않는 유형이다. 갈등 상황도 발생시키지 않는다. 그런데 문제는 이런 착한 유형들도 억울함, 분노, 상대적 박탈감 등의 감정들을 당연히 느낀다는 점이다. 직장생활에서 느끼는 부정적 감정들은 공중으로 날아가거나 사라지지 않는다. 이 감정들은 겪은 사람의 마음속에 차곡차곡 누적된다. 속으로만 누르고 표현하지 않다 보니, 자신의 감정을 표현하거나 직설적으로 이야기하는 사람에 비해 몇 배는 더 속으로 쌓일 수 있다. 겉으로는 드러나지 않아 상대방은 알아채지 못하고, 비슷한 상황이 반복되면서 스트레스가 자꾸만 쌓인다. 이 같은 '감정눌림'은 생각보다 무섭다. 우리나라에만 존재한다는 '화병'이 바로 이런 유형에서 자주 생긴다. 화병은 시어머니에게 할 말 못하고 그저 속으로만 삭이던 며느리에게서 유래됐다. 감정을 제대로 표현하지 못하는 사람들에게 주로 발생한다.

조용해서 오히려 무서운 사람들

● 미리 자료를 준비하고 1차 보고서를 작성해서 김 대리에게 줬건만, 김 대리가 팀장에게 보고하는 걸 깜빡하는 바람에 팀장이 데드라인을 넘겼다며 난리다. "기한 내에 보고서를 만들어 김 대리에게 줬는데, 사수인 김 대리가 잊어버리고 팀장님께 가져다드리지 않아서 늦어진 겁니다!"라고 말하고 싶다. 하지만, 사수의 실수를 팀장에게 일러바치면 안 된다는 생각에, 아무 말도 못하고 고개만 숙이고 있다.

● "이번 명절에는 제가 휴가를 쓰고 싶습니다. 명절 때마다 제가 매번 당직을 섰거든요!" 3년째 명절 때마다 막내라는 이유로 휴가를 못 가고 당직을 섰다. 이젠 나도 내 휴가를 챙겨서 부모님도 찾아 뵙고 여행도 가고 싶다. 하지만 막내인 내가 휴가를 간다고 하면 건방져 보일까 봐 결국 말도 못 꺼내고 돌아선다.

문제는 이런 순간에 느꼈던 감정들이 해소되지 못하고 마음속에 담겨 있다가, 어느 순간 한계치를 맞이하게 된다는 점이다. 한꺼번에 몰아닥치는 억울함, 분노, 짜증을 본인도 어찌할 수가 없는 상태가 온다. 폭풍처럼 감정이 휘몰아친다. 그래서 갑자기 우울해지거나 만사가 귀찮아지고, 억울함으로 밤잠을 설친다. 시간이 지나면 괜찮아지겠거니 했는데 그렇지가 않다. 열흘, 한 달이 지나도 나아질 기미가 보이지 않는다.

그렇다고 이런 착한 유형들이 상대방에게 쌓인 감정들을 직장 상사나 동료, 후배에게 한꺼번에 폭발시키며 불같이 화를 내지는 않는다. 다만 예기치 않게 갑자기 회사 상사에게 사표를 불쑥 내민다. 상사는 도무지 이해가 안 간다. 이제껏 별 탈 없이 잘 적응하며 지내는 것 같았던 직원이 어느 날 사표를 들이밀며 "그동안 너무 힘들었으니 그만두겠다"고 말하니 참 당황스럽다.

그런데 이건 너무나도 당연한 결과다. 감정과 몸은 하나다. 그래서 감정적으로 지나치게 억눌리면, 체력도 함께 떨어진다. 심하게 스트레스를 받거나 신경 쓰이는 일이 있고 나면 꼭 감기몸살에 걸리거나 앓아 눕는 이유가 바로 여기에 있다. 마음이 회복되지 못하고 계속 힘든 상태에 처하면 업무에 몰입하지 못하고 사람들과 어울리는 것도 불편해진다. 결국 마음이 부정적인 감정들에 압도되어 회사를 그만두기로 결심해버리게 된다.

당신이 이런 유형에 가깝다면, 감정을 표현하는 것에 지나치게 겁먹지 말자. 감정을 너무 억누르는 것은 본인 자신의 마음을 병들게 하는 지름길이다. 상대방은 이유도 모른 채 당신이 자꾸 멀어지는 것에 대해 이상하게 생각한다. 직장에서 만난 사람들 모두 나와 같은 인간이다. 까탈스럽게 보이는 임원도, 성과에 집착하는 팀장도, 뭐든지 열정적으로 해낼 것만 같은 동료도, 속을 알 수 없는 신입직원도 그냥 다 당신과 같은 사람이다. 집에 가면 힘들다고 엄마한테 짜증 내고, 속상하면 술 먹고 주정도 하고, 중요한 프리젠테이션이 있는 전날엔 밤잠을 설치며 꿈까지 꾸는 그냥 보통 사람들임을 이해해야 한다.

당신 스스로 자신을 돌아볼 때 마음이 약한 편이거나 할 말을 잘 못하는 스타일이라고 생각된다면, 또는 주변 사람들로부터 당신이 그런 유형에 속한다는 이야기를 들어왔다면, 자신의 감정을 좀 더 많이 드러낼 필요가 있다. 당신이 말을 해야 상대방이 당신의 생각을 알아차린다. 말하지 않아도 알아서 당신을 챙겨주고 배려하며 당신 뜻대로 움직여줄 사람은 이 세상에 아무도 없다. 하물며 당신을 누구보다 잘 아는 부모나 형제자매조차도 당신이 표현해야 당신을 이해할 때가 많지 않은가.
어떤 사람의 경우에는, 자신의 마음을 표현하고 싶지만 어떻게 해야 할지 몰라서 못할 때도 있다. 화가 난다고 "제가 지금 화가 많이 났거든요"라고 말하라는 것은 아니다. 직장에서 감정을 표현할 때는 강도를 조절해야 할 필요가 있다. 화가 났을 때는 "이 상황이 이해가 가지 않아서 좀 불편합니다" 정도면 된다. 본인이 억울하다고 생각되는 상황에서는, "제가 처리한 일이 아니라서 지금 약간 당황스럽습니다"라고 표현해도 괜찮다. 업무량이 너무 몰려서 허덕이는 가운데 추가업무를 더 받았다면 "현재 업무가 많아서 이 일까지 가능할지 모르겠습니다"는 정도로 의사를 표현하면 된다.

말은 해야 맛이라는 옛말이 있다. 참는 게 능사가 아니다. 한쪽에서만 일방적으로 참으면 쌓이고 쌓였던 문제가 언젠간 봇물 터지듯 터진다. 말을 해야 서로의 생각을 정확히 알 수 있고, 그에 따른 협의도 가능해진다. 당신의 마음속 감정의 부담감도 신기하게 줄어든다.

- 치켜뜬 눈썹이 아무래도 수상하다: 화
- 내 시선을 피해 도망가는 눈동자: 불안
- 마음이 놀라면 몸은 얼어붙는다: 두려움
- 푹 가라앉기 전에 알아채고 낚아채기: 슬픔
- 턱 밑에 숨겨놓은 기회주의자: 우월감
- 그의 미소가 왠지 불쾌하다면: 경멸
- 코부터 먼저 구겨지는 순간: 혐오
- 숨겨보려 해도 감출 수가 없네: 행복

2장

소리 없는 말들
눈치채기

- 읽기의 기술 -

심리학자 에이브러햄 매슬로Abraham Maslow는 인간의 욕구가 5단계로 나뉘어 있으며 하위 욕구가 어느 정도 충족되어야만 상위 욕구로 나아간다고 보았다. 1단계 생리적 욕구, 2단계 안전 욕구, 3단계 소속 및 애정 욕구, 4단계 존경 욕구, 5단계 자존 욕구다. 이때 소속 및 애정 욕구는 사회적 욕구로 사람들과 관계를 형성하려는, 어딘가 소속되고 싶어 하는 욕구다. 매슬로는 이런 사회적 욕구가 충족되어야만 진정한 자아실현으로 나갈 의욕이 생긴다고 봤다.

매슬로 이후 데이비드 맥클리랜드David I. McClelland 등 많은 학자 역시 다른 사람과 관계를 맺으며 살아가고자 하는 사회적 성향이 인간의 기본 욕구라고 주장했다. 결국 인간은 어딘가의 일원으로 소속되어야 비로소 행복해지고 안정감을 느낀다는 것이다.

그래서인지 사람은 타인과 관계를 맺을 때 이왕이면 원만하고 좋은 관계를 형성하려 한다. 처음 만나는 고객에게 호감을 주고 신뢰 관계가 형성되기를 바란다. 친구와는 오랫동안 변치 않는 우정을 쌓고 유지하길 바란다. 소중한 배우자와 아

제가 겉으론 웃고 있지만요

이들의 사랑을 받고 싶어 한다. 얼굴을 마주하고 하루의 대부분을 함께 지내는 상사, 동료, 후배들과 갈등 없이 원만하게 지내고자 한다. 그렇기에 상대와의 관계를 개선하고 호감을 얻기 위해 듣기 좋은 말을 해주거나, 함께 밥을 먹거나, 종종 선물도 하며 노력한다. 그런데 정말 이것만으로 충분할까? 나는 진심을 다해 잘 한다고 했는데 내 마음이 불편해지고 상대방도 상처를 받는 경우들도 종종 생긴다. 노력한 것 같은데 이런 결과가 나타나는 이유는 무엇일까?

인간관계에서 무언가가 틀어졌다면, 여러 가지 이유가 복잡하게 얽혀 있을 수 있다. 다음의 사례를 읽어보고, 당신에게도 이런 비슷한 일이 있었는지 돌아보자.

우리 팀 김 대리는 작년 한 해 동안 다른 직원들에 비해 월등한 성과를 냈다. 눈치를 보니 김 대리는 이번에 이룬 성과에 대한 보상으로 성과급을 원하는 것 같다. 김 대리의 사수인 나는 김 대리의 바람을 팀장님에게 보고드렸다. 그러고는 "곧 기쁜 소식이 있을 거니까, 조금만 기다려"라고 슬쩍 김 대리에게 언질을 주었다. 그런데 성과급 발표가 난 당일, 김 대리는 얼굴이 벌게져서 들어왔다. 당연히 "과장님, 감사합니다"라고 할 줄 알았는데, 표정이 영 마뜩찮다. 알고 보니 김 대리는 성과급 대신 해외연수의 기회를 얻고 싶었단다. "제가 해외연수 가고 싶다고 계속 말했었는데, 진짜 모르셨던 거예요? 팀장님께는 뭐라고 말씀드린 거예요?"라며 우울해한다.

분명 당신은 상대방을 기쁘게 하기 위해 최선을 다했다. 그런데 그 결과는 그다지 좋지가 않다. 대체 왜일까? 가장 핵심적이고 결정적인 이유는 상대방이 원하는 것이 무엇인지를 파악하지 못해서다. 즉 '상대방의 마음을 정확히 읽는 것'에서부터 문제가 발생한 것이다. 상대방이 무엇을 원하는지 알지 못하면, 원하는 걸 정확히 줄 수가 없다. 당신의 단순한 추측이나 예감보다는 상대방의 마음을 제대로 파악하는 능력이 훨씬 중요하다.

말은 도구일 뿐 실체가 아니라서

소통에서 가장 먼저 해야 할 일은, 바로 상대의 감정과 마음을 제대로 읽는 것이다. 상대방이 원하지도 않는데 내가 주고 싶다고 억지로 떠안긴다면, 그건 상대를 진정 기쁘게 하는 것이 아니다. 기대한 만큼의 좋은 결과를 얻기 어렵다. 자기중심적인 행동은 그저 내 만족일 뿐이고, 상대방에겐 불필요한 짐이

제가 겉으론 웃고 있지만요

된다. 그래서 행동하기 전에 우선 상대방의 감정부터 읽어야 하는데, 이는 훈련이 되지 않은 상태에서는 쉽지 않은 일이다.

그렇다면 우리는 어떻게 상대방의 감정을 읽어낼 수 있을까? 두 가지 방법이 있다. 직접 말로 물어보는 방법과 비언어로 관찰하는 방법이다. 이 두 가지 중 어떤 방법이 상대방의 감정을 더 정확히 읽어낼 수 있을까?

인간은 언어가 생기기 전까지 서로의 표정과 제스처를 통해 의사소통을 해왔다. 그것만으로도 큰 무리 없이 짝을 찾아 가정을 이루고, 리더를 뽑으며 공동체 생활을 했다. 그러나 언어가 생겨난 뒤부터는 말로 상대방의 생각을 묻고 답하는 것으로도 충분하다고 여겼고 이런 소통 방식에 점차 익숙해졌다. 그렇게 약 35만 년 전 언어가 생기고 나서부터 사람들은 언어에 집중하기 시작했다. "오늘 기분이 어떠세요?"라고 누군가가 물으면 "좋아요" 하고 대답하는 등 서로 언어가 오갔다.

그런데 여기서 문제가 발생한다. 상대방이 좋다고는 대답하지만 안색이 창백하거나 침울해 보이면 말과 겉모습 사이에 괴리가 생긴다. 그래도 좋다고 했으니 좋은 거겠지, 하며 그냥 넘어간다. 아침이든 저녁이든 서로의 안부를 물을 때 "네, 괜찮아요"라는 늘 비슷한 대답을 주고받고, 딱히 이런 소통에 문제가 있다고 생각지 않는다. 왜 이런 일이 발생하는 걸까? 감정을 솔직히 표현하는 것이 부담스럽거나 굳이 알리고 싶지 않을 때, 또는 일일이 설명하기가 귀찮을 때 등의 경우 형식적인 대화가 오고간다. 이런 사례들은 사람들 간에 말로 소통하는 것만으로는 한계가 있다는 걸 확실히 보여준다.

서로의 감정이나 상황을 파악할 때 사용하는 언어를 살피는 것은 분명히 필요하다. 하지만 분위기, 반응, 몸짓, 기분, 정황 등 언어만으로는 도무지 파악할 수 없는 부분도 분명 있다.

1976년 인류학자 홀Edward T. Hall은 의사소통에서 고맥락 문화High context culture와 저맥락 문화Low context culture가 있다고 보았다. 고맥락 문화는 한두 개의 단어만으로도 의미하는 바를 전달할 수 있는 경우를 말한다. 이 문화권에 속한 사람들은 소통을 위해 많은 말이 필요하지 않다. 한국은 비교적 높은 수준의 고맥락 문화권에 속한다. 한국인들의 대화를 가만히 들어보면 문장과 문장 사이의 행간에 다양한 의미들이 포함되어 있으며 때론 다른 의미도 숨어 있다. 대부분의 동양 문화권에 속한 국가들도 이와 비슷하다. 예를 들어 "난 싫어"라고 말해도 그것이 온전히 싫다는 것인지, 예의상 한 번 사양하는 것인지 다양한 해석이 가능하다. 이에 반해 서양권 국가는 소통할 때 언어를 많이 사용하는 저맥락 문화권에 속한다. 단어나 문장에 여러가지 의미를 내포하지 않는다. 예를 들어 누군가 "난 싫어"라고 말하면 그냥 말 그대로 '싫다'고 받아들인다.

이 때문에 고맥락 문화권에 속하는 한국인들이 대화를 하면서 단순히 언어만 가지고 상대방의 뜻을 파악하는 건 위험하다. 언어와 더불어 비언어를 관찰하며 상대방의 마음을 읽어내는 과정이 반드시 필요하다. 표정과 몸짓을 통해 상대의 정황을 가능한 한 정확하게 알아내야 소통이 안전해지고 원활해진다.

상대방의 속마음과 감정을 읽어내는 비언어적 방법은 크게 두 가지로 나뉜다. 얼굴의 표정을 읽는 것과 몸을 관찰하는 것이다. 표정에서는 눈썹, 눈의 크기, 코의 주름, 입 모양 등을 보고 상대가 느끼는 감정을 파악한다. 몸에서는 손짓, 발짓, 서 있거나 앉은 자세의 기울기 등을 통해 상대의 감정을 알아낸다.

표정과 몸짓을 읽는 것이 중요한 까닭은 인간의 뇌와도 연관이 있다. 인간의 뇌는 이성의 뇌와 감정의 뇌로 나뉜다. 두 뇌가 서로 긴밀히 연결되어 있지만 각각의 기능이 다르다. 이성의 뇌는 전두엽이 포함되며 언어 기능을 관장한다. 의지에 따라 조작이 가능하며, 누군가의 질문에 거짓말을 하기도 하고 대략 꾸며낼 수도 있다. 반면 감정의 뇌는 본인이 원한다고 해도 뜻대로 조작하기 어렵다. 감정의 뇌는 표정과 제스처 등을 담당한다. 감정의 뇌는 스스로 제어하기가 어렵다. 그래서 좋아하는 사람 앞에서 가슴이 두근거리며 얼굴이 빨개지거나, 싫어하는 사람이 갑자기 나타났을 때 순간적으로 얼굴을 찡그리는 등의 표정과 행동들은 언어처럼 통제하기가 힘들다. 따라서 상대의 뜻을 파악하는 데 있어 표정과 몸짓이 언어보다 더 정확한 순간이 생각보다 훨씬 많다.

표정에서 몸짓까지 감정 신호 해독하기

그렇다면 대체 어떻게 사람의 표정과 몸짓을 통해 상대방의 감정을 알 수 있을까? 상대를 관찰하고 감정을 읽어내는 분야의 대가인 폴 에크먼 박사는 1초 미만의 짧은 순간에 나타났다 사라지는 표정으로 거짓과 진실을 구분하는 법을 체계화했고, 수천 개의 얼굴 근육을 분석해 '얼굴지도Facial Action Coding System: FACS(얼굴 움직임 부호화 시스템, 인간 표정 인식 기술)'를 개발했다. 그리고 5천여 개의 얼굴근육 움직임을 정리한 자료를 통해, 얼굴 표정으로 감정을 대략 읽어낼 수 있게 되었다.

물론 인간의 감정은 복잡 미묘해서 단 몇 초간의 표정과 행동만을 가지고 정확한 판단을 내리기에는 무리가 있다. 다만 당신이 배우고자 하는 의지만 가지고 있다면 이 책을 읽고 배운 방법을 즉시 적용해 상대의 기분이 어떤지, 어떤 종류의 감정을 느끼고 있는지 등을 알 수 있다.

지금부터는 직장에서 벌어지는 다양한 상황을 통해 상사, 동료 등 상대방이 보내는 감정의 신호들을 읽는 방법을 살펴볼 것이다. 상대방의 감정을 안다는 건 상대방이 향후 어떤 결정을 내리고 행동할지 예측하는 중요한 단서가 된다. 사람은 이성보다 감정이 앞서는 존재이므로, 감정을 읽으면 그 사람의 다음 행동을 대략 예측할 수 있고 그에 따라 적절하게 대처할 수 있다. 표정뿐 아니라 전반적인 자세와 몸짓까지 전체적으로 살필 줄 알면 감정을 더 정확하게 알 수 있다. 표정이 애매모호하거나 얼굴을 관찰하기 어려운 상황이라면 몸의 자세가 유용한 단서가 된다.

치켜뜬 눈썹이
아무래도 수상하다
: 화

상사 앞에서 보고나 발표를 하는 건 쉬운 일이 아니다. 게다가 발표한 다음 상사의 승인까지 받아내야 하는 중요한 사안이라면 더더욱 그렇다. 그래서 나도 모르게 발표하는 내내 상사의 안색을 흘깃거리며 살피게 된다. 내가 한 발표를 들으면서 결정권자가 지금 무슨 생각을 하고 있는지, 어떤 부분이 마음에 들고 어떤 부분이 마음에 안 드는지를 알 수 있으면 좋겠다는 바람을 갖고서 말이다.

제가 겉으론 웃고 있지만요

나는 오늘 그간 진행해온 실적을 정리해 상무님 앞에서 발표해야 한다. 지난 한 달간의 실적을 인정받고 향후 필요한 예산을 추가적으로 확보할 것인지, 아니면 시간만 낭비한 것으로 비춰져 프로젝트가 중단될 것인지는 오늘 회의 때 발표할 보고에 달려 있다. 사실 상무님이 좋아하는 진행 스타일을 잘 알고 있다. 그래서 궁금해할 결론부터 명쾌하게 제시한 다음 필요한 부분들에 대해서는 부연설명을 덧붙여 나갔다. 발표 내용에 최 상무님은 '음…' 하는 소리와 함께 천천히 고개를 끄덕이며 만족감을 드러냈다. 일단 긍정적인 분위기에 안도하고 가슴을 쓸어내렸다. 이제 질의응답만 잘하면 된다. 발표를 들으며 메모했던 내용들을 잠시 들여다보더니, 상무님은 질문을 시작했다.

"초기에 우리가 잡은 목표 방향과는 조금 달라진 것 같은데 이유가 있나요? 왜 그 방법을 사용했는지 설명해줄래요?"

예상했던 질문이었기에 별 무리 없이 자신감 있게 대답했다. 이제 발표의 끝이 보이는 듯하다. 잠시 후 상무님이 다시 입을 열었다.

"질문 한 가지만 더 할게요. 왜 우리의 경쟁사인 E사는 우리와 반대 입장을 취하는 걸까요? 정보 수집이 빠르고 상황 판단도 빠른 E사가 이런 내용을 모를 리 없는데. 그 점에 대해 생각해봤나요?"

전혀 예상치 못했던 질문이었다! 해당 프로젝트에만 몰입한 나머지 경쟁사 분석까지는 미처 하지 못했다.

"예? 아… 제 생각으로는…" 나는 갑자기 눈앞이 캄캄해져서 말을 더듬기 시작했다. "죄, 죄송합니다. 그 점에 대해서는 미처 생각하지 못했습니다. 따로 정리해서 보고드려도 괜찮을까요, 상무님?"

상무님은 당황하는 나를 잠시 쳐다보더니, 순간적으로 눈썹을 찌푸렸다. 그리고는 의자에 등을 완전히 기대고 앉아 팔짱을 끼었다. 잠시 침묵이 흘렀다. "일단 그동안의 진행 상황에 대해 들었으니, 좀 더 고민해보고 향후 추진 여부에 대해 알려줄게요. 회의는 이것으로 마치죠." 상무님은 이렇게 말한 뒤 자리에서 일어났다. 그리곤 발표를 마친 내게 걸어와 등을 두드리며 "수고했어요" 하고는 회의장을 떠났다.

사실 상무님은 업무에 있어서 까다롭기로 유명한 분이다. 그런 분이 어깨까지 두드리며 수고했다고 말해주니, 좀 전의 당황스러운 기분은 날아가고, 순간 기분이 좋아졌다. 잔뜩 긴장했던 팀원들도 그제야 와자지껄해졌다. "마지막 질문에 대답을 못한 건 아쉽지만, 왠지 느낌이 좋은데?" "일단 1차 관문은 통과했으니, 우리 더 파이팅해요!" 팀원들은 발표 준비로 힘들었는데 오랜만에 회식이라도 하자며 몰려나갔다.

제가 겉으론 웃고 있지만요

정말 모두 다 순조롭게 잘된 것일까? 해당 프로젝트에 대한 추가 예산을 받아낼 수 있을 것인가? 우리 팀에 좋은 결과가 있을 거라고 판단할 수 있을까? 아직 그렇게 단정 짓기는 이르다. 상무님이 내게 다가와 수고했다고 말해주었지만, 뭔가 해결되지 않은 찜찜함이 신경을 곤두서게 만든다. 그의 속마음을 알고 싶다고 임원실로 들어가서 "조금 전 제 발표에 대한 상무님의 생각과 속마음을 솔직히 말씀해주시겠어요?"라고 요청할 수는 없다.

이 시점에서 최 상무의 감정을 파악할 수 있는 방법이 있다. 바로 발표 도중 상사가 보인 비언어적 신호들을 함께 되짚어보는 것이다. 특정 감정이 느껴지면 반드시 우리 몸은 이를 드러낸다. 최 상무는 자신의 진심을 상당 부분 표정과 몸으로 표현했다. 일단 그가 보여준 몇 가지 비언어적 신호들에 집중해보자. 그것이 부정적 신호인지, 긍정적 신호인지를 제대로 파악해야 추가 예산 확보도 가능할 수 있다.

순조롭게 발표가 진행되는 동안 그의 표정에는 긴장감이 별로 보이지 않았다. 발표 내용과 흐름이 마음에 드는 듯, 입꼬리가 살짝 올라가며 만족스러운 미소를 보이기도 했다. 집중한 듯 몸을 앞쪽으로 기울이며 관심을 표했다. 그러다가 자신이 던진 마지막 질문에 발표자가 제대로 답을 하지 못하자 표정과 몸의 신호가 긍정에서 부정으로 바뀌기 시작했다. 눈썹을 찡그

렸고, 입과 턱에는 힘이 들어갔다. 의자에 등을 대고 뒤로 물러
앉았으며, 팔짱도 끼었다.

입과 턱에 힘이 들어간다.

눈썹을 찌푸린다.

갑자기 팔짱을 낀다.

의자에 등을 대고
뒤로 기대어 앉는다.

제가 겉으론 웃고 있지만요

그가 보여준 이 네 가지 신호들은 모두 부정적 감정의 단서들이다. 의자에 등을 기대고 뒤로 물러나 앉는 행동은 긍정적인 감정을 느낄 때도 나타나는 신호다. 편안한 감정일 때 몸의 긴장이 풀어지면서 기대어 앉는 경우도 있다. 하지만 이 경우에는 부정적인 감정을 드러내는 다른 비언어적 신호와 함께 나타났다. 해당 프로젝트나 이슈에 대해 호감도가 떨어졌거나 동의하지 않는다는 의미 등으로 심리적 거리감을 두기 위해 몸을 뒤로 기댔을 확률이 높다.

회의실에서 최 상무는 마지막 질문에 대한 적절하지 못한 답변에 마음이 닫히기 시작했다. 당신과 팀에 대해 믿음을 갖지 못하고 의구심을 품었을 수 있다. 이러한 감정의 변화는 표정과 몸으로 나타났다. 순간 눈썹이 찌푸려지면서 동시에 입과 턱에 힘이 들어갔다. 이는 화가 나거나 짜증이 났을 때 전형적으로 나타나는 표정 신호다.

최 상무의 이런 감정 신호를 봤을 때, 발표 결과를 낙관적으로 예측하기 어렵다. 지금껏 분석한 전반적인 신호를 파악했을 때 이 프로젝트는 향후 예산 확보 확률이 낮다고 보는 게 낫다. 팀원들은 기뻐했을지 몰라도, 반전이 있지 않는 한 그는 당신과 당신의 팀에 추가 예산을 지원하지 않을 것이다.

인간이 가진 가장 공격적인 감정

화는 인간이 가진 감정들 중에서 가장 공격적인 감정이다. 그래서 화가 나면 앞에 있는 누군가를 공격하고 싶어 한다. 얼굴에서 눈썹, 입, 턱 세 가지 부위에 변화가 생기며 공격성이 밖으로 표출된다. 가장 먼저 눈썹 사이의 미간이 모아지면서 코 방향 쪽인 아래로 내려간다. 지금 거울을 가져다놓고 실제로 눈썹을 찌푸리며 코 쪽으로 모아보면, 대번에 내 표정이 화가 난 것처럼 보인다.

눈썹과 더불어 가장 큰 차이를 보이는 부위가 바로 입술이다. 화가 나면 입에 힘이 들어가면서 입술 두께가 얇아진다. 윗입술과 아랫입술이 맞물리면서 앙다문 느낌이 든다. 누군가가 의도적으로 나를 골탕 먹였을 때 '나중에 두고 보자'라는 생각을 하면 이런 입 모양이 나온다. 턱도 함께 긴장된다.

얼굴 표정 외에 상대방이 느끼는 감정이 부정적인지 긍정적인지를 더 쉽게 판단하도록 도와주는 것은 바로 몸의 긴장 정도다. 몸은 얼굴에 비해 상대적으로 변화의 폭이 더 크다. 화가 났을 때 몸에서 나타나는 대표적 자세가 바로 팔짱을 끼는 것이다. 사람들은 일반적으로 마음이 불편하거나 무언가를 거부하고 싶을 때 스스로를 여미는 팔짱의 자세를 취한다. 팔짱

제가 겉으로 웃고 있지만요

을 끼는 동시에 다리까지 꼬았다면, 습관이 아닌 이상 이는 부정적 감정 신호가 상반신과 하반신 모두에서 나타났다고 볼 수 있다.

상대방의 자세나 태도가 갑자기 확 바뀐다면, 그건 상대방의 감정 역시 바뀌었을 확률이 높다고 봐야 한다. 앞서 살펴보았던 경우처럼 말이다.

원래 그랬던 상태, 베이스 라인

가끔 강의를 할 때 이런 질문을 받는 경우가 있다. "저는 원래 팔짱끼는 게 습관인데요. 이런 제 자세를 보고 무조건 부정적이라고 판단하면 곤란하지 않을까요?" 당연한 말이다. 누군가가 평소 팔짱 끼는 것이 습관이라면 팔짱을 끼는 행동은 당연히 감정을 읽는 단서가 될 수 없다.

사람마다 살면서 생긴 버릇이나 신체적 습관이 있다. 다리를 떠는 버릇, 손가락을 뚝뚝 꺾는 버릇, 사람을 볼 때 곁눈질하는 버릇 등등. 이처럼 습관으로 형성된 그 사람 고유의 표정이나 몸짓을 베이스 라인Base line이라고 한다. 베이스 라인으로는 상대방의 감정 변화를 읽을 수 없다. 평소 습관이기 때문에 감정의 변화를 드러내는 신호로 볼 수 없는 것이다.

하지만 그 사람의 평소 버릇이 아닌데 갑자기 그 자세나 행동을 취하면 그건 감정의 변화로 나타난 신호일 확률이 높다. 따라서 평소 아내나 남편, 아이, 직장 상사, 동료 등 상대방의 베이스 라인을 미리 관찰해두면 감정 변화를 더 잘 읽을 수 있다.

배우자와 식탁에 마주 앉아 있다고 가정해보자. 커피를 마시며 이야기를 나누던 도중 배우자가 눈썹을 찌푸리며 팔짱을 낀다. 앞서 최 상무가 기분이 나빠지자 보인 행동과 유사하다. 하지만 평소 배우자가 깊은 생각에 빠지거나 뭔가를 골똘히 생각할 때 눈썹을 찌푸리며 팔짱을 끼는 베이스 라인이 있었다면, 이걸 화내는 감정 상태로 받아들여야 할까? 아니다. 배우자가 굳이 기분이 나빠서 그런 행동을 보이는 게 아니라 그냥 습관처럼 그런 표정과 자세를 취했을 뿐이다. 당신은 그저 평소처럼 긴장을 풀고, 배우자의 생각이 정리될 때까지 기다려주면 된다.

그러나 앞서 사례의 경우 내내 편안한 자세로 듣다가 마무리 질문에 대한 미숙한 답을 듣자마자 갑자기 팔짱을 꼈다면 이는 상사의 마음속에서 부정적 감정이 일어났다고 해석하는 게 적절하다. 거기에 눈썹을 찌푸리고 입과 턱에 힘이 들어가는 표정이 결합되었다. 이런 감정 신호들이 관찰되면, 그의 마음이 부정적인 쪽으로 돌아섰다고 확신할 수 있는 것이다.

우리가 상대방의 감정을 어느 정도 읽을 수 있다면 그에 따른 현명한 대처가 가능해진다. 상대방의 감정이 화인지 슬픔인지 당황스러움인지를 알아챘다면 이후 내가 어떤 식으로 행동하는 게 좋을지 대응 방향을 정하기가 수월하다.

상대방의 태도나 행동을 관찰해서 특정 감정의 신호들을 찾아냈다면, 그냥 무시하지 말고 적절한 조치를 취해야 한다. '아니야, 내가 너무 예민한 것일 수도 있어. 갑자기 눈썹이 가운데로 모아졌다고 화가 났다고 볼 수 있을까? 갑자기 팔짱을 끼고 방어적인 자세를 취했다고 해서 상사가 프로젝트에 대해 부정적이라고 볼 수 있나? 그건 아닐 거야.' 이렇게 무조건 낙관적으로 생각하려고 노력하지 말자. 표정과 몸은 말보다 내면의 감정을 외부에 솔직하게 보여주는 확실하고 과학적인 단서들이니 말이나.

상대가 화가 났다는 걸 알았다면 상대가 느끼는 못마땅함이나 공격성을 낮출 수 있는 방안을 찾아야 한다. 경쟁사 관련 정보는 최대한 빨리 찾아 보완해 최 상무에게 재보고해야 한다. 또는 최 상무를 찾아가 미숙한 보고에 대해 사과하고 그럼에도 이 프로젝트를 지속해야 하는 이유를 설득력 있게 설명해야 한다. 최 상무가 화가 났다는 걸 알면서도 방관하면서 시간만 보낸다면, 이후 프로젝트는 더 이상 진행되지 못할 수도, 신뢰에는 금이 갈 수도 있다.

내 시선을 피해
도망가는 눈동자

: 불안

성과 보고나 인사고과에 대한 면담을 앞두고 전날 밤 잠이 잘 온다면, 그 사람은 회사를 다니며 심장 떨릴 일은 아마 없을 것이다. 아무리 매출을 크게 올리고 높은 성과를 냈다 하더라도, 일단 성과 면담이 잡히고 나면 신경이 쓰인다. 더구나 실수도 몇 번 하고 성과에서도 눈에 보이는 뚜렷한 실적이 보이지 않는다면, 며칠 전부터 좌불안석 상태가 된다. 승진과 연봉을 좌우하는 면담을 앞두고 느끼는 심적 부담감은 매우 크다.

제가 겉으론 웃고 있지만요

면담을 앞둔 상사도 마냥 마음이 편한 것은 아니다. 면담을 하다 보면 대개는 처음부터 끝까지 좋은 내용만을 전달할 수는 없으므로 상사 입장에서 직원의 눈치를 보게 된다. 짧은 면담 시간 동안 성과, 연봉, 부서 이동 등의 문제로 극도의 신경전이 벌어지기 때문에 상사와 직원 모두 쉽게 지치고 피곤해진다.

오늘은 팀장과 성과 평가에 대한 면담이 잡혀 있다. 이미 다른 팀원들은 면담을 끝냈고, 내가 마지막 순서다. 면담을 앞두고 예민해진 탓인지 내 순서가 맨 마지막으로 잡힌 이유가 뭘까 자꾸 신경이 쓰인다. 혹시 나를 가장 마지막에 잡은 이유가 따로 있을까? 긍정적인 걸까, 아니면 부정적인 걸까? 마음이 복잡해진다.

회의실에 들어서니 팀장은 의자 모서리에 불안하게 걸터앉아 있다. 평소 자리에 앉아 있을 때와는 사뭇 다른 느낌이다. 내가 들어온 걸 보더니, 얼른 면담 노트를 펼친다. 이윽고 지난 반년간의 업무 성과에 대한 이야기가 시작됐다. 약 5분 정도가 지나자 뭔가 콕 짚어낼 수는 없지만 팀장의 분위기가 어색하다는 걸 느낀다. 팀장은 면담을 시작하면서부터 계속 나를 칭찬하고 있다. 그럼에도 그의 마음이 그다지 편치 않다는 느낌이 든다. 어쩌다 나와 눈이 마주치면 시선을 책상 위에 놓인 노트로 재빨리 옮기고, 어색하게 창밖으로 돌리곤 했다. 게다가 팀장은 가만있지 못하고 말하는 내내 손을 맞잡고 비비거나 쥐어짜는 행동을 반복했다.

'내가 예민한 건가? 면담이 긍정적으로 진행되고 있는데, 왜 불안하지?' 한번 이상한 느낌이 들기 시작하자 팀장의 이야기에 집중하기가 어렵다. 칭찬하고 있지만 '이건 내가 자네에게 하고 싶은 진짜 얘기가 아니고, 진짜 이야기는 따로 있어'라고 말하는 것만 같았다. 괜한 걱정 말자고 스스로를 다독이려 노력한다. 지금껏 고대하던 나의 승진 소식을 팀장이 곧 꺼낼 것이라는 기대감도 버리지 않는다.

그러다 갑자기 팀장이 말을 멈춘다. 아주 짧고도 미묘한 정적이 흐른 뒤, 팀장의 말이 이어졌다. "김 대리가 올해 승진을 기대하고 있다는 것 알아요. 연차나 성과 면으로만 보면 승진을 기대할 만하지. 내가 팀장이지만 이게 참, 내 맘처럼 쉽질 않네. 아쉽지만 이번엔 힘들겠어요."

순간적으로 멍해졌다. "김 대리, 괜찮아?" 눈치를 살피며 조심스레 묻는 팀장의 질문에 멍한 상태에서 반사적으로 고개를 끄덕였다. "예, 그렇게 알고 있겠습니다, 팀장님. 마음 써주셔서 감사합니다."

면담을 마치고 허둥지둥 자리로 돌아왔다. 쓸데없는 기대를 품었던 스스로가 미워졌다. '처음부터 팀장의 분위기가 석연치 않아. 분명 뭔가가 있었다고! 분위기 파악도 못하고 멍하니 있다가 할 말도 제대로 못하고 쫓기듯 나오다 니….' 생각할수록 스스로 화가 났다.

지금까지 우리가 겪어 알고 있듯이, 회사에서의 일들은 내 맘대로 되지 않는다. 특히 회사에서 이루어지는 성과 면담은, 서로에게 마음 편한 자리는 아니다. 어떤 이야기가 오갈 것인 지 대략 예측을 한다고 해도, 언제나 변수들이 있기 때문에 긴 장을 늦출 수 없다.

이렇게 중요한 자리인 만큼 그에 합당한 준비가 필요하다. 면담 자리에서 스스로에 대한 피드백을 들었을 때, 당황하지 않고 이에 대처하는 나름의 전략을 미리 준비해서 면담에 임해 야 한다는 뜻이다. 예상과는 다른 결론을 듣고 당황해서 '어버 버'하다가 그냥 나오기는 너무 억울하다. 면담이 진행되는 분 위기와 상사의 감정 상태를 읽어가면서 현명하게 대처하고 요 구할 건 요구해야 한다.

가끔 직장인들 중에는 '그냥 주면 주는 대로 받으면 된다'며 초월한 모습을 보이는 사람들도 있다. 개인적으로 좋은 입지의 건물을 본인 명의로 소유하고 있거나 은행에 거액의 예금이 예 치되어 있다면 그럴 수도 있다. 그렇지 않다면 주는 대로 받겠 다는 무조건 순종적인 태도는 바람직하지 않다. 직장에서는 일 한 만큼 인정받고 돈으로 보상받는 것이 당연하다. 그러니 관리자의 평가를 무조건 받아들이고 제시하는 연봉에 그저 고개를 끄덕이는 것이 능사는 아니다. 짧은 면담 시간 동안에도 상대의 감정을 읽고 시기적절하게 대응해야 한다.

비교적 딱딱한 조직문화를 가진 대기업이든, 조직이 작아 좀더 친근한 분위기의 회사든 어디에 몸담고 있다 해도 본인에게 보다 나은 근무 조건과 상황이 될 수 있도록 만들 방법은 있다. 특히 업무 성과도 괜찮고 회사와 협상해볼 만한 시기라고 생각한다면, 팀장의 감정 상태와 흘러가는 면담 분위기를 읽어가며 좀 더 적극적으로 행동하는 게 좋다.

이제 다시 면담 당시의 상황으로 돌아가보자. 아무리 승진할 시기가 되었다 하더라도 그 누구도 자신의 승진에 대해 100% 확신하지는 못한다. 김 대리는 승진에 대한 기대감을 가지고 팀장과의 면담에 응했다. 그리고 면담을 시작하면서 팀장이 긍정적인 이야기들을 이어가자, 팀장이 보내는 비언어적 신호들은 의식적으로 무시한 채 좋은 쪽으로만 생각하려고 노력했다. 바로 여기서 문제가 발생했다.

안타깝게도 인간은 심리적으로, 자신이 바라는 것과 보고 싶은 것 위주로 믿고 보는 경향이 있다. 그리고 김 대리는 갑작스런 상황 반전에 당황한 나머지 해야 할 이야기조차 꺼내지 못한 채 허둥대며 상황에서 빠져나오고 말았다. 팀장의 감정 상태와 의도에 대해 착각하고 있다가 적극적인 행동이 필요한 때에 적절히 대응하지 못한 게 실수였다.

불안은 조급한 행동 뒤에 숨는다

팀장은 칭찬을 늘어놓다가 면담 막바지에 이르러 숙제를 해치우듯 승진이 안 됐다는 사실을 서둘러 통보했다. 왜 그런 걸까? 부하 직원에게 승진하지 못했다는 사실을 전하는 것에 스스로 부담을 느꼈기 때문이다. 좋지 않은 소식을 전할 때 상대방에게 느끼는 감정적 미안함과 불편함을 가리켜 감정 요금emotional toll이라고 부른다. 회사에서 서로 함께 지내온 시간이 길고 감정적 유대감이 깊을수록, 상대방에게 부정적인 말을 해야 할 때 소모해야 하는 마음속 에너지가 더 크다. 팀장은 면담 전부터 김 대리에게 미안한 마음을 가지고 있었고, 불안한 마음이 자신도 모르게 표정과 자세를 통해 드러났다. 만약 김 대리가 팀장의 불안 신호를 좀 더 정확히 감지했더라면, 그가 어떤 결론을 말할지에 대해서도 예측할 수 있었을 것이다. 이를 통해 미리 상황을 파악했더라면 승진이 안 된 대신 다른 조건을 준비해 제안해봤을 수도 있다. 적어도 예상 못한 소식에 당황한 나머지 머쓱하게 일어나 나오지 않았을 것이다.

김 대리가 팀장에게서 평소와는 다른 어색함을 느꼈던 까닭은 무엇일까? 팀장이 보였던 평소와 다른 행동, 표정 등의 단서들을 찾아보자.

우선 팀장의 시선이다. 팀장은 대리를 편안하게 바라보지 못했다. 간혹 눈이 마주치면 의도적으로 시선을 피했다. 두 번째 신호는 앉아 있는 자세다. 앉아 있는 자세 역시 안정되지 않고 어딘지 어색해 보였다. 평소 팀장은 편안한 자세로 앉아서 이야기하는 스타일이라, 의자에 깊숙이 엉덩이를 붙인 채 앉는다. 그런데 오늘 면담 자리에서는 의자에 안정적으로 앉아 있지 못하고, 마치 당장이라도 일어나 뛰쳐나갈 것처럼 의자 끝부분에 불안정하게 엉덩이를 걸치고 앉아 있었다. 세 번째 신호는 바로 팀장의 두 손이다. 팀장은 이야기하는 내내 손을 맞잡고 쥐어짜는 제스처를 반복했다. 마치 시험시간에 선생님이 시험지를 나눠주기 직전, 걱정으로 인해 두 손을 맞잡고 안절부절 못하는 학생처럼 말이다. 이처럼 팀장의 행동들은 마음이 불편하고 불안하다는 것을 보여주는 전형적인 단서들이다.

우리는 상대방이 입으로는 "괜찮다"고 하면서도 어딘지 불안해하거나 불편해 보이는 경우를 종종 접한다. 대표적으로 어린아이들의 행동이 그렇다. 아이들은 자신의 감정을 잘 숨기지 못한다. 어떻게 숨겨야 하는지도 모르기 때문에 거짓말도 제대로 하지 못한다. 저녁에 퇴근해서 집에 들어갔는데 당신이 특별히 아끼던 머그잔이 바닥에 떨어져 깨진 걸 발견했다. 황당한 마음에 식탁 의자에 앉아 있는데 거실에서 당신을 불안하게 바라보는 아이와 눈이 마주쳤다. 그 순간 아이는 시선을 아래로 내려뜨리고, 불안한 눈동자는 이리저리 움직인다. 양다리를 꽈배기처럼 서로 꼬았다 폈다 하는 동작을 반복한다. 이 행동들은 모두 아이의 마음이 불안하다는 신호다. 단서들을 종합해보면 아이가 머그잔을 깨트렸거나 깨트리는 상황을 목격했다는 걸 유추할 수 있다.

회사생활을 하면서, 상대방에게서 나타나는 불안함의 감정을 제대로 읽으면 유용할 때가 많다. 업무 중에 실수를 하고 불안해하는 인턴직원에게, 무조건 다그치지 않고 먼저 상황부터 확인한 다음 차근차근 업무를 가르쳐줄 수 있다. 임원 보고를 들어가는 박 과장이 좌불안석일 때, "과장님, 파이팅입니다! 잘될 거예요!"라며 격려를 보내 용기를 줄 수 있다. 해야 할 일은 계속 쌓이고 마감시간은 다가와 조급해하는 팀원에게 "내가 좀 도와줄까요?"라는 지원도 가능하다. 불안할 때 표정과 몸에 나타나는 감정의 단서들을 잘 알아차릴 수 있도록 기억해두자.

시선을 마주치지 않고
땅바닥으로 향한다.

마주 볼 때 시선이 흔들리거나
빠르게 상하좌우로 움직인다.

일단 가장 먼저 관찰할 수 있는 단서는 상대방의 시선이다. 시선이 안정적으로 움직이는 것이 아니라 불안정적으로 흔들리거나 상하좌우로 빠르게 이동하면, 상대방의 마음이 편치 않다는 증거다. 또한 상대방이 당신과 눈을 제대로 마주치지 않는다면, 무언가를 들킬까 봐 걱정하고 있거나 숨기고 싶은 것이 있을 확률이 높다.

두 번째 단서는 앉은 자세다. 의자에 앉아 있거나 바닥에 앉아 있을 때 얼마나 긴장을 하는지, 얼마나 경직되어 있는지에

제가 겉으론 웃고 있지만요

따라 불안함의 정도를 읽어낼 수 있다. 예를 들어 의자에 앉아 있는 상대방의 몸이 긴장감 없이 의자 등받이에 편안하게 기대어져 있다면 마음이 안정된, 편안한 상태다. 반면 상대방이 의자 끄트머리에 엉덩이만 걸치고 앉아 있거나 등받이에 기대지 않고 허리를 꼿꼿이 세우고 있다면, 긴장하고 있다는 뜻이다. 그 상황이 불편한 자리거나 부담스러울 확률이 높다.

세 번째 단서는 손의 움직임에서 찾을 수 있다. 두 손을 가만히 두지 못하고 자꾸 쥐어짜거나 손바닥을 맞대고 반복해서 비빈다면, 마음이 편치 않음을 나타내는 신호다. 이외에도 손이나 손바닥으로 자신의 팔뚝이나 허벅지 등을 쓰다듬는 행동 역시 불안에서 빠져나오고자 스스로를 안정시키려는 자기 위안식 행동이다.

불안과 관련된 단서들을 기억한 후에 상대방을 천천히 관찰해보자. 물론 신기하게도 관심을 갖고 자꾸 보면 보인다. 그래서 말보다 몸이 진실을 더 정확히 알려줄 때가 있다는 것이다. 몸을 관찰하면 어느 순간 상대방의 감정이 선명하게 느껴진다. 이 책에서 배운 내용을 토대로 상대방을 관찰하면, 상대방의 몸은 당신에게 진짜 속마음을 털어놓고 있음을 알 수 있다.

우리는 살면서 이런 생각을 할 때가 있다. '저 사람이 지금 마음속으로 무슨 생각을 하고 있는지, 어떤 감정을 느끼는지

긴장한 채 허리를 곧추세우고
의자 끝에 걸터 앉는다.

손바닥을 마주대고 비비거나
자꾸 쥐어짠다.

들여다볼 수 있다면 좋겠어!' 사람이라면 누구나 갖고 싶어 하는 그 독심술은 다름 아닌 상대의 표정과 몸을 관찰해 느끼고 있는 감정을 예측하는 기술이다. 상대방이 보내는 감정의 신호를 배우고 익히면 그만큼 마음을 읽어내는 정확도를 높일 수 있다.

제가 겉으론 웃고 있지만요

마음이 놀라면
몸은 얼어붙는다
: 두려움

회사는 다양한 연령대에 살아온 배경도 각기 다른 사람들이 함께 모여서 일하는 곳이다. 더구나 친목으로 모인 게 아니니 경쟁, 승진, 성과급 등의 이슈들이 발생하면서 오해도 쉽게 생긴다. 의도하지 않게 관계가 어그러지는 경우도 무척 많다.

황 주임은 출근한 지 30분이 채 지나기도 전에 화가 머리끝까지 치밀었다. 외부 거래처 담당자에게서 지난주까지 도착해야 할 자료가 제대로 전달되지 않았다는 연락을 받았기 때문이다. 이 건은 거래처 담당자에게 직접 자료를 보내야 한다고 총무팀 담당자에게 신신당부를 해두었던 일이었다. '나한테 얼마나 중요한 거래처인데! 총무팀에서 이런 실수를…' 화가 참을 수 없이 치솟았다. 바로 내선전화를 걸어 총무팀 담당자를 찾았다. 담당자는 입사한 지 8개월밖에 안 된 신입 여직원이다. 여직원이 전화를 받자마자 "제가 지난주에 거래처에 기한 내로 메일 보내달라고 부탁했죠? 기억해요? 그런데 그게 아직까지도 처리가 안 되어 있네요? 대체 어떻게 된 거죠?"라며 목소리를 높였다. 난데없이 소리부터 높이는 황 주임 전화를 받은 그녀는 놀랐는지 아무 말이 없었다.

답답해진 황 주임은, "내 말 듣고 있어요? 대답 좀 해봐요!"라고 언성을 높였다. 그제야 그녀는 작은 목소리로 "죄송합니다! 오늘 중으로 처리하고 말씀드리겠습니다" 하고 대답을 해왔다. 황 주임은 전화를 끊고 나서도 한참 동안 열을 가라앉힐 수가 없었다. 자료가 안 왔다면서 짜증을 내던 거래처 담당자의 목소리가 자꾸 떠올라, 화가 쉽사리 가라앉지 않았다.

그렇게 폭풍 같은 오전 시간이 지나고 황 주임은 동료들과 점심을 먹으러 나갔다. 근처에 커피를 마시러 가는 와중에 생각해보니 좀 후회가 되었다. '내가 너무 심했나? 요즘 월 말 결산 때문에 한참 정신이 없었을 텐데 너무 몰아붙였나?' 미안한 마음이 들어 총무팀 여직원에게 가져다줄 커피 한 잔을 사들고 총무팀 자리로 갔다. 마침 여직원은 등을 보인 채 책상에 앉아 무언가를 적고 있었다.

"식사는 했어요?" 자신에게 말을 거는 소리에 뒤를 돌아본 여직원은 황 주임을 보더니 갑자기 눈이 커지며 손에 들고 있던 볼펜을 떨어뜨린다. 움찔하며 뒤로 물러나는 그녀에게 황 주임은 멋쩍게 커피를 내밀었다. "미안해요, 아까는 내가 좀 흥분했었네요. 커피 잘 마셔요." 쑥스럽게 커피를 건넨 후, 총무팀 사무실에서 걸어 나왔다. 문득 뒤를 돌아보니 그녀는 여전히 눈을 크게 뜨고 경직된 자세로 황 주임을 보고 있었다.

갑자기 자신을 불러서 깜짝 놀랐던 걸까? 그런데 놀란 것 치고는 어딘지 표정이 더 굳어 있는 것 같았다. 황 주임을 본 순간 그녀의 눈이 커지면서, 눈동자 위 쪽 흰자위가 많이 드러났다. 입꼬리는 누가 양쪽 끝을 잡고 잡아당기는 것처럼 양 옆으로 늘어져 있었다. 이 여직원의 표정은 어떤 감정을 느낄 때 나타나는 것일까?

인간은 누구나 두려움을 느낀다. 두려움의 감정은 자신이 가지고 있는 것들이 해를 입을까 봐 걱정될 때, 또는 자신이 무서워하고 싫어하는 것을 접했을 때 나타난다. 즉 자신의 생명, 돈, 소중한 물건, 사랑하는 사람들이 다칠까 봐 느끼기도 하며, 무서워하는 대상을 보거나 한 공간에 있을 때 느끼는 감정이 바로 두려움이다. 두려움의 범주에 들어가는 감정들은 무서움, 겁, 공포 등이 있다.

두려움은 생존과 직결된 감정이다. 많은 사람이 "두려움을 느끼지 않았으면 좋겠어요"라고 말한다. 두려움을 느끼는 자신이 나약해 보인다고 실망스러워한다. 하지만 만약, 수렵과 채취 생활을 하던 원시인들이 몇 미터 앞에 굶주린 호랑이나 야수를 만났는 데도 두려움을 느끼지 않았다면 어떻게 됐을까? 피하지 않고 그대로 있다가 야수의 먹잇감이 되고 말았을 것이다. 다행히 인간에겐 두려움의 감정이 있기 때문에 나무 위로 피하거나 달아날 수 있었다. 이처럼 두려움은 자신을 보호하도록 도와주는 고마운 감정이다.

두려움을 느끼는 상황은 사람마다 다 다르다. 누구는 시험지를 받아든 순간에 극심한 두려움을 느끼기도 하고, 저녁에 집에 들어갔는데 전원이 켜지지 않아 깜깜한 어둠에 서 있을 때 공포를 느끼기도 한다. 사람들 앞에 서면 심장이 뛰기도 하며, 큰소리를 못 견디는 사람도 있다.

- 눈이 크게 떠지고, 눈동자의 흰자위
  가 많이 보인다.
- 입이 양 옆으로 길게 벌어진다.
- 몸 전체가 뒤로 물러선다.
- 고개가 뒤로 젖혀진다.

앞서 살펴본 사례에서 총무팀 담당자는 오전에 황 주임의 전화를 받고 두려움을 느끼기 시작했을 것이다. 자신의 실수 때문에 일이 커질까 봐 두려웠을 것이고, 소리 지르는 목소리에도 두려움을 느꼈을 것이다. 또는 자신이 실수했단 사실이 자신의 상사에게 전달되어 불이익을 당할까 봐 무서워했을 수도 있다.

그래서 그녀가 황 주임을 발견하자 두려움의 강도가 순간적으로 강렬하게 올라간 것이다. 눈이 크게 열리면서 흰자위 부위가 넓어지고, 입꼬리가 양 옆으로 잡아당겨지며 늘어졌다. 게다가 흠칫 뒤로 물러서기까지 했다. 두려움의 신호들이 동시다발적으로 나타난 상황이다.

두려움은 벽을 만든다

두려움은 다른 감정들에 비해 좀 더 오래 지속되는 특징이 있다. 한번 강한 두려움을 느끼고 나면 그 대상을 볼 때마다 이후에도 지속적으로 두려움이 일어난다. '자라 보고 놀란 가슴 솥뚜껑 보고 놀란다'라는 속담은 두려움의 이런 특징을 단적으로 드러낸다. 게다가 두려움이 강해지고 반복되면 트라우마로 자리 잡는다.

사람은 두려움을 느낄 때 얼굴에서 눈과 입 모양도 변하지만, 신체적으로 변화가 나타난다. 심장박동이 빨라지며 몸이 긴장된다. 위협의 대상으로부터 물리적으로 멀어지고 싶은 마음 때문에 자기도 모르게 뒤로 물러서기도 한다. 몸 전체가 뒤로 물러서기도 하지만 고개만 뒤로 젖혀질 때도 있다.

총무부 담당자는 두려움을 느끼는 동안에는 황 주임과 거리를 두고 싶어 할 것이다. 두려움은 생각과 마음을 동시에 얼어붙게 만드는 감정이라, 마음이 녹을 때까지 시간이 오래 걸린다. 그래서 상대방에게 도를 넘어 지나치게 화를 내거나 위압감을 주는 건 협업을 저해하는 원인이 된다. 이러한 이유로 직장 내에서는 소통을 가로막는 주된 감정들 중 하나로 두려움을 꼽는다. "내가 아주 큰 소리를 낸 것도 아닌데, 그만한 것 가

제가 겉으론 웃고 있지만요

지고 두려움을 느끼는 건 상대방이 이상한 거 아닌가요?" 이렇게 항변하는 사람도 있다. 하지만 무엇을 보고 두려움을 느끼는지, 어느 정도의 강도에서 두려움이 발생하는지는 사람마다 정말 천지 차이다. 그렇기 때문에, 상대방이 느끼는 감정에 대해서 "왜 이렇게 나약해?", "그게 그렇게 무서워 할 일이야?"라고 말하는 건 옳지 않다.

황 주임이 담당자의 감정 상태를 이해했다면, 앞으로 목소리를 크게 높이는 행동 등은 자제하는 것이 현명하다. 어차피 계속 함께 협업해야 하는 동료다. 당신이 계속해서 두려움을 일으키는 행동을 한다면, 담당자는 당신과의 통화를 의도적으로 피하거나 당신의 그림자만 봐도 겁에 질려 도망칠지도 모른다.

푹 가라앉기 전에
알아채고 낚아채기

: 슬픔

"더 이상 행동하고 싶어 하지 않는다. 움직이지 않은 채 수동적이 된다. 피의 흐름이 느려지고 생기가 없다. 얼굴이 창백하다. 근육은 무기력하다. 눈꺼풀이 축 늘어져 있다. 위축된 가슴 위로 머리가 힘없이 걸려 있다. 입술과 뺨, 아래턱은 무겁게 아래로 처져 있다." 영국의 생물학자 다윈Charles Darwin이 특정 감정을 느끼는 사람에 대해 적은 글이다. 대체 어떤 감정을 느낄 때 이런 표정과 몸짓이 나타날까?

제가 겉으론 웃고 있지만요

내 입사 동기 K는 원래 말이 많은 사람은 아니다. 앞에 나서서 말하기보다는 다른 사람의 말을 차분히 들어주는 편이다. 말수가 많지는 않지만 그래도 표정은 전반적으로 밝고 성격이 온순해서 주위 동료와 후배들이 많이 따른다. 그러던 K가 어느 순간부터 사람들과 거리를 두고 있다는 느낌을 받았다. 일부러 그러는 것은 아닐 텐데 사람들의 눈을 제대로 쳐다보지도, 시선을 마주치지도 않았다. 서로 얼굴을 마주하고 회의할 때도 눈을 피하고 사무실 바닥을 보면서 이야기하는 경우가 많아졌다. 사무실을 오고갈 때는 어깨를 축 늘어뜨리고, 고개를 땅 쪽으로 푹 숙이고 다녔다. 원래 쾌활한 성향의 사람은 아니었지만 이렇게까지 침체된 사람은 아닌데, 갑자기 이러니 주변에서 소문이 무성했다. '다른 회사에서 스카우트 제의가 와서 마음이 뜬 것 아니냐'는 소문도 있고, '회사에 불만이 많아서'라는 소문도 있었다. 그러던 중, 지난주 동기 저녁모임에서 K의 옆자리에 앉았다가 우연히 왜 그런 모습을 보였는지에 대한 이유를 그에게 직접 듣게 되었다.

K는 30대 중반으로 아직 미혼이다. 지금껏 여러 차례 선도 보고 연애도 했지만 결혼으로 연결되지는 못했다. 장남으로서 부모님께 걱정을 끼쳐드리고 있다는 죄책감이 든다고

했다. 사실 혼기를 많이 넘긴 것도 아닌데 마음이 자꾸 조급해진단다. 이런 상황에서 얼마 전까지 결혼을 전제로 만나던 이성에게 일방적인 이별 통보를 받았다는 것이다.

K는 처음에는 자신이 잘못한 일도 없는데 상대방이 일방적으로 헤어지자고 하니 충격을 받고 이내 화가 치밀었다고 했다. 그러다가 점차 시간이 지나면서 사랑하는 사람을 잃었다는 상실감에 힘들어했다. 그는 연인을 잃고 슬픔에 빠진 것이다.

감정은 각각의 감정 특징에 따라 느껴지는 시간이 다르다. 그중 슬픔은 짧은 시간에 나타났다가 사라지는 감정이 아니다. 슬픔은 짧게는 몇 분에서 길게는 며칠, 또는 그 이상을 느끼기도 한다. 물론 슬픔과는 다르게 아주 짧은 시간 나타났다가 사라지는 감정도 있다. 바로 놀람이다. 놀람은 슬픔과 비교했을 때 지속 시간에서 크게 차이가 난다. 놀람은 재빨리 생겼다가 바로 사라지는 감정으로, 인간이 느끼는 감정들 중 가장 짧게 지속된다.

한 번 생겨나면 여운이 오래가는 슬픔과 같은 감정들은 그렇기에 더 조심스럽게 다뤄야 한다. 시간이 지나면서 그 강도가 점차 옅어지기는 하지만, 제대로 다루지 못하면 계속 더 깊은 슬픔에 빠져들고 우울함까지 유발할 수 있다.

제가 겉으론 웃고 있지만요

낮은 에너지의 감정, 슬픔

슬픔은 사람이 가진 전체적인 에너지를 떨어뜨린다. 마치 건전지가 다 닳아가는 로봇인형처럼 움직임이 느려진다. 사람의 전반적인 행동의 강도가 약해진다.

회사에서는 K의 달라진 모습과 행동을 보고 소문이 분분했지만, 관찰해보면 그가 슬퍼하고 있음을 알아차릴 수 있는 몇 가지 단서들이 있었다. 먼저 몸에서 발견할 수 있는 단서들을 살펴보자. 축 처진 어깨와 힘 빠진 몸의 자세를 들 수 있다. 그리고 얼굴에도, 표정에 나타나는 슬픔의 신호가 있다.

- 눈썹 안쪽 모서리가 가운데로 살짝 몰리면서 올라간다.
- 입 모양은 살짝 아래로 처지며, 입꼬리가 아래쪽으로 향한다.

- 이마에 가로 주름이 잡힌다.

슬픔을 느끼는 사람의 얼굴을 보면 눈썹의 안쪽 모서리가 가운데로 살짝 몰리면서 위로 올라간다. 지금 거울 앞으로 가서 눈썹 안쪽 모서리를 가운데로 모아 올려보면, 당신 역시 어딘지 슬퍼 보이거나 걱정이 있는 표정일 것이다. 이마에 가로 주름이 잡히기도 한다. 입 모양은 아래로 처져 보이는데, 특히 양쪽 입꼬리가 아래로 향한다. 그래서 마치 울음을 참고 있거나 울기 직전의 모습처럼 보인다.

　　그 외에 나타나는 슬픔의 신호로는, 사람들과 눈을 맞추기

　－ 어깨가 축 처져 있다.
　－ 시선을 아래로 떨군다.
　－ 전반적으로 몸에 에너지가 느껴지지 않는다.

제가 겉으론 웃고 있지만요

보다는 멍한 상태로 시선을 아래로 떨구고 있는 모습을 들 수 있다. 전반적으로 몸이 축 늘어져 있는 것처럼 보인다면 슬픔의 신호로 해석할 수 있다.

상대방과 시선도 제대로 마주치지 않고 몸에 힘이 축 빠진 모습의 K를 보면서, 그가 거만하다거나 화가 났다고 해석하는 것은 상대방의 감정을 읽는 기술이 부족해서 그렇다. 상대방에게 관심을 갖고 3분만 관찰하면, K의 감정이 거만함이나 분노 같은 감정과 거리가 멀다는 것을 충분히 알아차릴 수 있다. 추측과 상상을 하기에 앞서 상대방의 얼굴 표정과 몸부터 관찰해야 한다. 그래야만 상대방이 지금 느끼고 있는 감정을 제대로 알 수 있다. 상대방이 느끼는 감정을 정확히 알아야 비로소 그 사람에 대한 적절한 도움과 지원도 가능해진다.

턱 밑에 숨겨놓은
기회주의자

: 우월감

자리가 사람을 만든다는 말이 있다. 회사의 여러 조직을 대상으로 코칭을 하다 보면, 승진을 하거나 직급이 올라간 뒤에 바로 자세나 행동부터 달라지는 사람들을 종종 본다. 조직 내 위치나 권위가 달라지면서, 느끼는 감정의 종류도 같이 바뀌는 것이다. 직책이 달라지면 해야 할 역할과 업무도 변화하고, 그 사람이 주로 느끼는 감정의 종류도 함께 바뀐다. 그래서 예전에는 직원들과 허물없이 지내고 서로 편하게 대했던 사람이 승진을 한 뒤에는 일방적으로 지시를 하거나 권위적인 행동을 보이는 경우가 있다.

우리 팀 최 부장님은 다른 동기들보다 승진이 많이 늦은 편이셨다. 마음고생을 하시는 걸 보면서 팀원들도 모두 자기 일처럼 안타까워했다. 실력이 없는 건 아닌데 운이 없어서인지 승진 때마다 상황에 밀리고 동기에게 밀려 만년 차장이셨다고 한다. 그러다가 올해 드디어 부장으로 승진을 했다. 승진 발표가 난 날, 부장님은 동료들과 팀원들을 데리고 회사 근처 고깃집에서 크게 한턱을 냈다. "부장님, 축하드립니다." "진즉에 승진하셨어야 하는데, 이제 제자리를 찾으신 거죠!" 모두들 진심으로 기뻐했다.

진심 어린 축하를 받을 만한 분이었다. 업무를 추진할 때는 독단적으로 처리하지 않고 늘 직원들의 의견을 물어보고 반영해나가는, 경청의 리더십을 가진 사람이었다. 다른 부서 직원이 "좋은 상사 밑에서 일한다"고 은근 부러워할 정도로 팀원들의 의사를 존중해주었고 자유로운 업무 분위기를 만들어주었다. 그래서 직원들 모두 부장님을 좋아했고 소통에도 문제가 없었다. 이번에 부장으로 승진하시면서 바로 옆 팀도 함께 맡게 되었는데, 그쪽 팀원들은 부장님이 해당 팀으로 오는 것을 무척 반기는 분위기였다.

며칠 뒤 최 부장님이 주관하는 팀 첫 주간 회의가 열렸다. 해당 팀 팀원들은 이미 최 부장님의 업무 성향과 이미지 등에 대해 잘 알고 있는 터라, 회의실에 앉아 자유롭게 삼삼오오 이야기를 나누고 있었다. 부장님이 회의실에 들어서자 팀원들 일부는 일어나서 인사하고, 어떤 팀원들은 앉은 상태에서 살짝 엉덩이만 들어 가볍게 목례를 했다. 그 모습을 본 부장님의 표정이 살짝 굳어졌다.

얼마나 회의가 진행되었을까. 부장님의 심기가 불편해 보인다. 예전 같았으면 회의 전에 주말에 뭐 했는지 개인적인 이야기를 물어보기도 하고, 팀원들의 의견에 자신의 생각을 덧붙이기도 하면서 활발하게 대화가 진행되었을 텐데 분위기는 시간이 갈수록 점차 가라앉았다. 부장님은 회의 내내 인상만 쓰고 있을 뿐 별다른 이야기를 하지 않았다. 부장님은 팀원들의 보고를 듣는 와중에, 턱을 위로 빼 들고 팔짱을 낀 채로 한 번씩 팀원들을 훑어보았다. 전에 본 적 없는 낯선 행동에 팀원들은 부장님의 눈치를 살피기 시작했다. '부장님, 왜 저러셔? 회의 전에 무슨 일 있었대?' 팀원들이 서로 불안한 눈빛을 주고받았다.

회의 안건에 대한 논의가 대략 끝나자, 최 부장님이 손에 들고 있던 노트를 책상 위에 탁 내려놓으며 입을 열었다. "오늘 회의는 이걸로 마치죠. 그리고 회의와 관련해서 한 가지

제가 겉으론 웃고 있지만요

주의사항을 전달하려 합니다. 회사는 놀이터가 아닙니다. 각자 회의 시작 전에 챙겨야 할 업무가 있을 텐데, 잡담부터 하고 있으면 집중이 되겠어요? 다음 회의부터는 불필요한 잡담은 하지 맙시다."

부장님의 강한 어투에 팀원들은 당황했다. 이전에 보았던 부장님의 분위기가 아니었다. 그때는 문제 되지 않던 일이 왜 지금 와서 새삼 주의사항이 된 걸까? 최 부장님은 대체 무엇 때문에 심기가 불편해진 걸까? 팀원들은 갑자기 부장님이 다른 사람이 된 것 같아 혼란스럽다.

최 부장은 대체 왜 그랬을까? 사실 이유는 간단하다. 앞서 이야기한 대로 직급이 달라지면 그에 따라 권한이 바뀌고, 느끼는 감정이나 사물을 바라보는 관점과 직원을 대하는 태도가 바뀔 수 있다. 부장님이 차장이었던 시절에는 조직을 대표한다기보다는 상사와 부하직원 사이에 끼어 있는 중간 관리자로 스스로를 인식했을 것이다. 이런 경우 팀 내에서 중재자 역할을 해야 한다는 책임감이 컸을 테고, 주로 팀원들을 다독이며 이끌었을 것이다.

그러던 그는 이제 명실상부하게 팀을 대표하는 리더가 되었다. 이에 따라 조직 피라미드에서 자신이 가장 꼭대기에 위치한다는 생각이 들면서 주된 감정의 종류가 순간 바뀌었다.

그동안 기회가 없어서 행사하지 못했던 권력을 과시하고 싶은 마음, 팀장으로서 팀을 장악하고 싶은 마음 등이 우월감과 함께 나타난 것이다. 최 부장의 경우 주위 사람들에게는 다소 갑작스러웠겠지만 차장으로 일한 시간 동안 나름대로 쌓였던 속상함, 자격지심 등이 맞물려 표출된 사례다.

남을 통해 잘나고 싶은 마음

우월감은 자기 자신이 남보다 우수하다고 생각하거나 자존심이 상대적으로 높아진 감정 상태다. 우월감은 운동선수가 대회에 나가 우승하거나, 직장에서 승진하거나, 큰 성과를 낸 직후에 가장 빈번하게 나타나는 감정들 중 하나다.

우월감과 반대되는 감정으로는 열등감을 들 수 있다. 열등감은 정신의학자 알프레드 아들러Alfred Adler가 사용한 용어다. 아들러는 인간의 행동은 열등감과 이를 극복하려는 의지에 따라 결정된다고 보았다. 최 부장의 경우 오랜 시간 동안 승진을 하지 못한 데 대해 열등감을 가지고 있었을 가능성이 크다. 동기에 비해 승진이 늦다는 생각에서 더 오랜 시간 일하고, 사람들과 더 적극적으로 소통하며 직장생활을 했을 것이다. 그리고 마침내 승진을 하면서, 그동안 쌓여 있던 열등감이 보상심리와 어우러지면서 강한 우월감으로 표현되어 나타난 것이다. '나는 함부로 대할 수 있는 사람이 아니야'라는 생각이 강해진 상태다.

최 부장이 우월감을 느끼고 있다는 결정적 단서 중 첫 번째는 최 부장이 턱을 치켜들고 한 번씩 사원들을 둘러보았다는 점이다. 우월감을 느낄 때 사람은 자기도 모르게 턱을 든다. 물론 평소 습관적으로 턱을 치켜든다면 단서가 될 수 없다. 하지만 평소에는 그렇지 않았는데 승진 이후에 그런 행동들을 보이

- 고개와 턱을 치켜든다.
- 팔짱을 끼고 뒤로 기대거나 두 손으로 깍지를 끼고 뒤통수를 받친다.

기 시작했다면 이는 우월감과 강한 자부심을 느끼고 있다는 단서가 된다. 주변 사람을 한번 떠올려보자. 자신감이 없고 열등감이 많은 사람이 턱을 치켜드는 경우는 별로 없다. 턱을 드는 감정적 근원은 한 가지다. '난 당신들보다 더 나은 사람이고, 난 우리 중에서 그 누구보다 탁월해'라고 생각할 때다.

이때 탁월함을 판단하는 기준은 돈, 외모, 능력, 집안 환경, 학벌 등 다양할 수 있다. 한 가지 재미있는 사실은 비교의 기준은 절대적인 것이 아니라는 점이다. 스스로 생각했을 때 자신이 타인보다 낫다고 여기며 상대적으로 우월감을 느끼는 것일 뿐, 객관적으로 비교했을 때 실제로는 그렇지 않을 수도 있다. 정해진 잣대가 있는 것이 아니라 본인의 주관적이고 개인적인 판단일 때가 많다.

두 번째 단서는 최 부장의 강한 어투다. 어투는 보통 말하는 톤voice tone과 관련이 많다. 말하는 톤이 얼마나 크고 강하고 단호하냐에 따라 우월감이나 자신감의 정도를 가늠할 수 있다. 목소리에 힘이 들어가 있고 말꼬리를 흐리기보다는 또박또박 매듭을 지어 말한다면 우월감과 자신감을 느끼는 것이다.

이외에도 팔짱을 끼고 뒤로 기대거나 두 손으로 깍지를 끼고 뒤통수를 받치는 자세, 허리에 손을 얹는 자세 역시 우월감을 느낄 때 전형적으로 나타나는 몸의 표현들이다.

– 한 손 또는 두 손을 허리에 얹는다.
– 말하는 톤이 크고 단호하다.

　물론 이런 신호들이 그 사람의 평소 몸에 배인 습관이라면 그건 감정을 드러낸다고 볼 수 없다. 그 사람이 가진 고유의 습관인 베이스 라인에 대한 인식을 강조하는 까닭은, 한 가지 단서를 가지고 섣불리 상대방의 감정을 단정 짓고 오해할 수 있어서다. 사람의 속내를 성급하게 판단하는 건 위험하다. 보다 정확하게 상대방의 감정을 읽기 위해서는 평소 상대방에게 관심을 가지고 습관을 관찰해놓으면 좋다. 몸의 변화와 더불어 감정의 변화가 생긴 상태일 때 이를 더 정확히 읽어낼 수 있다.

　이는 회사 동료뿐 아니라 가족도 마찬가지다. 평소 가족들이 기뻐할 때 손뼉을 치거나 폴짝폴짝 뛰는지, 슬퍼할 때 고개를 아래로 떨어뜨리고 말수가 적어지는지, 화가 났을 때는 목소리가 격앙되며 주먹을 불끈 쥐는지 등을 알고 있다면 특정 표정이나 행동 변화가 감정을 드러내는 것인지 아닌지를 더 쉽게 파악할 수 있다.

그의 미소가
왠지 불쾌하다면

: 경멸

누군가 나를 향해 웃고 있다. 그런데 그 미소를 바라보는 기분이 그다지 즐겁지 않다. 콕 집어 말할 수는 없지만 기분 나쁘게 만드는 뭔가가 있다. 근데 이유를 정확하게 알 수가 없다. 혹시 이런 상황을 겪어본 적이 있는가?

상대가 미소를 짓는데 내 기분이 썩 좋지 않다면, 그건 상대방의 미소가 긍정적인 감정이 아닌 부정적이고 묘한 메시지를 담고 있기 때문일 확률이 높다. 미소에는 여러 가지 종류가 있다. 미소라고 다 같은 것이 아니다. 활짝 함박웃음을 보이는 미소, 보일 듯 말 듯 희미하게 스치는 미소, 부끄러운 듯 수줍게 웃는 미소, 난처함을 감추기 위해 민망하게 웃는 미소, 그리고 뭔가 의도가 숨겨져 있는 기분 나쁜 미소까지 다양하다. 당연히 그 미소에 담긴 의미도 각기 다르다.

올해 입사해 우리 팀으로 발령을 받은 신입사원이 있다. 입사는 나보다 늦게 했지만 삼수를 해서 나이는 나보다 세 살 더 많다. 그는 나를 선배로 깍듯하게 대해준다. 하지만 둘만 있는 자리에서는 어색한 기류가 종종 흐른다. 태도나 행동, 말투에서 특별히 나를 기분 나쁘게 할 만한 건 없었다. 그럼에도 나는 그가 불편하다.

나를 선배라고 생각하지 않는 것 같다거나 나이 때문에 나를 어리게 보는 것 같다는 느낌이 들 때가 많다. 특별한 사건이 있었던 것도 아닌데 이유 없이 편견을 갖는 건 아닌지 죄책감이 들기도 했다. 하지만 함께 있을 때마다 이런 생각이 자꾸만 들어 어쩔 수가 없다.

특히 그가 나를 대할 때 웃는 모습을 보면 왠지 기분이 더 나빠졌다. 그는 활짝 웃는 게 아니라 한쪽 입꼬리만 올린 채 엷은 미소를 지었다. 다른 사람들한테는 그렇게 웃지 않는 것 같은데 유독 나를 볼 때 그렇게 웃는다. 지금도 차를 마시면서, 비스듬하게 앉아 나를 쳐다보는 모습이 뭔가 찜찜하다. 내가 민감한가 싶어서 잊어버리려고 해도 그의 불쾌한 웃음이 계속 마음에 남는다. 대체 이유가 뭘까?

미소는 보는 사람으로 하여금 기분 좋고 행복하게 만든다. '웃는 얼굴에 침 못 뱉는다'라는 말도 있을 정도니까 말이다. 그럼에도 간혹 미소로도 기분이 나빠지는 경우가 있다.

미소는 짓는 사람의 의도에 따라 진짜 미소와 가짜 미소로 나뉜다. 진짜 미소는 미소를 짓는 사람이 진심으로 웃고 싶을 때 나타나는 웃음이다. 아이의 해맑은 웃음, 좋아하는 사람과 대화를 나누면서 짓는 웃음, 오랜만에 만난 친구를 보고 반가워서 웃는 웃음은 진짜 미소다. 이런 진짜 미소가 나올 때 웃는 본인이나 바라보는 상대방은 동시에 행복해진다.

반면 가짜 미소는 웃고 싶지 않지만 억지로 웃는 웃음, 또는 상대방에 대한 호의가 아니라 무시하는 마음을 담은 부정적 웃음이다. 우선 웃고 싶지 않지만 억지웃음을 짓는 경우는 백화점, 카페처럼 고객을 끊임없이 대해야 하는 매장 직원이나 보험 상담원, 자동차 딜러 등 누군가에게 서비스를 설명하고 제공하는 직업을 가진 사람들에서 자주 나타난다. 사람이 항상 웃고 있을 수 없는 것은 당연한 이치인데, 고객은 항상 '웃는 얼굴'을 원하니 자신이 웃고 싶지 않을 때도 친절한 미소를 보여야 한다. 가짜 미소라도 지어야 하는 이런 경우 감정적 에너지를 매우 많이 사용하기 때문에 체력적으로나 심리적으로 힘이 많이 든다. 그 다음으로 상대방을 무시하는 마음에서 나오는 웃음은 상대를 존중하지 않거나, 호감이 없거나, 경멸하고 싶을 때 나오는 미소다. 그리고 위 사례에서 살펴본 나이든 신입직원은 나를 바라보며 이 종류의 미소를 지었을 확률이 높다.

진짜 미소 가짜 미소

상대방을 비웃고 싶거나 상대방이 못마땅할 때 나오는 미소가 바로 경멸의 미소다. 흔히 '썩소'로 불리는 표정을 떠올리면 쉽다. 누군가 당신을 보며 썩소를 보인다면 그 사람이 당신에게 느끼는 기본 감정은 경멸일 가능성이 매우 높다. 경멸은 상대를 깔보고 업신여기는 감정이다.

경멸을 느낄 때 나오는 미소는 진짜 미소와 두 가지 측면에서 확연한 차이를 보인다. 먼저 올라가는 입꼬리 모양이 다르다. 미소를 지으면 누구나 입꼬리가 올라간다. 흔히 쉽게 볼 수 있는 노란색 스마일 얼굴을 떠올리면 쉽다. 그런데 경멸의 미소는 입꼬리가 올라가기는 하지만 양쪽 입꼬리가 똑같이 올라가지 않고 한쪽 입꼬리만 귀 방향으로 잡아당겨진다. 그래서

- 눈 모양의 변화 없이 한쪽 입꼬리만 귀 쪽으로 올라간다.
- 상대를 똑바로 마주 보지 않는다.
- 왼쪽 혹은 오른쪽으로 몸의 방향이 틀어져 있다.
- "칫" 등의 감탄사가 함께 나올 때가 많다.

얼굴의 아래쪽이 비대칭적으로 바뀐다.

볼과 눈의 형태가 다른 것 또한 특징이다. 일반적인 미소의 경우 볼이 위로 살짝 올라가면서 눈 모양이 반달형으로 바뀌지만, 경멸의 미소에서는 눈 모양의 변화가 아예 없다. 평소 눈 모양이 그대로 유지된다.

한 마디로 경멸의 미소는 전체적인 눈 모양은 평소 그대로 유지된 채 한쪽 입꼬리만 올라가는 표정이다. 지금 거울을 보며 이런 형태의 웃음을 지어보면, 경멸의 미소가 어떤 건지 바로 실감할 수가 있다. "쳇! 자기가 잘났으면 얼마나 잘났다고!"라는 말이 금방이라도 튀어나올 것만 같다.

앞서 본 사례에서 당신 팀에 들어온 신입사원이 당신과 함께 이야기하거나 식사하면서 보인 미소는 진심에서 우러나온 진짜 미소가 아닌 경멸의 감정이 섞인 '썩소'일 확률이 높다. 어쩌면 당신은 그의 미소를 보면서 그 웃음에 담긴 부정적인 감정을 눈치챘을 수 있다. 그의 미소를 보면서 기분이 좋지 않았던 건 너무나 당연한 일이다. 그래서 계속 찜찜했던 것이다.

경멸의 감정은 얼굴 표정 외에도 고개의 각도, 몸의 방향에서도 드러난다. 사람들은 경멸하는 대상을 마주 대하기 싫어하는 경향이 있다. 그래서 상대방을 비웃으며 고개를 옆으로 돌리거나, 곁눈질로 보거나, 몸의 방향을 튼다.

오직 인간을 향해서만 나타나는 감정

경멸은 인간의 여러 가지 감정들 중에서도 독특한 특징을 지닌다. 경멸에는 '깔보아 업신여긴다'는 뜻이 담겨 있다. 즉, 상대방을 우습게 여기고 무시하는 것이다. 그런데 재미있는 건, 그 감정을 느끼는 대상이 제한된다는 점이다. 우리가 감정을 느낄 때 그 대상은 인간에만 한정되지 않는다. 예를 들면 우리 집 반려견을 보면서 우리는 다양한 감정을 느낄 수 있다. 외출에서 집에 돌아오자 강아지가 나를 반기며 꼬리를 흔들어대는 모습을 보면 어떤 감정이 들까? 귀엽고 반가운 감정이 생기면서 강아지를 안아준다. 그런데 거실에 들어간 순간, 강아지

제가 겉으론 웃고 있지만요

가 마룻바닥에 볼일을 본 걸 발견한다면 어떨까? 안 그래도 회사에서 완전 지쳐 돌아왔는데, 순간 짜증이 난다. 이외에 주변 환경이나 식물 등을 바라보면서도 감정을 느낀다. 식물에 이름을 붙여주고 애틋한 감정을 갖고 돌봐주며, 새 잎이 조그맣게 나올 때마다 희열을 느낀다. 여행을 가서 숲길을 걷고 있을 때 역시 자연 속에서 감정을 느낀다. 나뭇길 사이로 산책을 하니 마음이 편안해지고, 꽃향기를 맡으니 기분이 상쾌해진다. 충만감, 안정감 등 편안한 감정이 든다. 이렇듯 우리는 여러 대상들에게서 감정들을 느낀다.

하지만 경멸은 오직 인간이 인간을 대상으로만 느끼는 감정이다. 그래서 독특하다. 혹시 주변에서 "난 우리 집 고양이를 정말 경멸해"라든가 "난 저 휴대전화를 진짜 경멸해"와 같은 이야기를 들어본 적이 있는가? 그런 경우는 없다. 경멸은 동물이나 식물, 물체나 물건 등을 대상으로는 발생하지 않는 감정이기 때문이다.

경멸에 반대되는 감정이 바로 존중이다. 즉 누군가 당신에게 경멸의 감정을 보였다면, 당신을 존경하는 마음이 없다고 봐야 한다. 그리고 이런 경멸의 표정을 짓는 직장 동료나 후배가 주위에 있다면, 당신은 시시때때로 마음이 불편해질 것이다. 마음에 상처를 주고 상하게 만든다. 물론 경멸은 그 감정을 표현하는 당사자에게도 긍정적인 영향을 미치지 않는다. 한쪽 입꼬리만 들어올리며 비웃는 사람에게 호감을 보이거나 함께 일하고 싶어 하는 사람은 없다. 주변 사람들에게 쉽게 미움을 받을 테니 말이다.

우리가 느끼는 감정은 민감하다. 굳이 말로 표현하지 않아도 상대가 나에 대해 느끼는 감정의 종류가 어떤 건지는 어림잡아 느낄 수 있다. 나를 존중하며 인정하고 있는지, 나를 좋아하는지 등은 사실 직관적으로 느껴진다. 상대방이 눈치채지 못하게 슬쩍 경멸의 감정을 드러낸다고 해도, 상대방은 느낌으로 안다. '저 사람은 나를 우습게 보는 것 같아' 하고 말이다. 그래서 경멸은, 경멸을 느끼는 사람이나 받는 사람 모두에게 위험한 감정이다.

코부터 먼저
구겨지는 순간
: 혐오

같이 식당에 밥을 먹으러 갔다가 일행들 중에 특정 음식 냄새를 맡으면 코를 찡그리는 사람들이 간혹 있다. 평소 코를 찡그리는 습관이 있었던 것도 아닌데, 음식 냄새 때문에 코를 찡그리는 것이다. 이 사람들은 왜 그런 표정을 짓는 걸까? 이때 느끼는 감정은 무엇일까? 음식 냄새를 맡고 군침이 돌아서 코를 찡그리는 걸까, 아니면 앞에 놓인 음식 냄새에 비위가 상해서 코를 찡그린 걸까?

옆 팀에 근무하는 박 과장님은 나와 같은 대학교 선배다. 집도 같은 방향이고 좋아하는 음식 취향이 비슷해서 점심시간에 함께 식사를 하거나 퇴근 후에 가끔 술 한 잔 할 때가 종종 있다. 그런데 박 과장님이 내 자리에 와서 이야기할 때마다 묘한 표정을 짓는다. 인상을 찡그리는 것 같기도 하고 표정이 살짝 일그러지기도 한다. '혹시 내가 박 과장이 기분 나쁠 만한 실수를 했나? 아니면 무슨 오해가 있나?' 곰곰이 생각해봤지만 특별히 생각나는 게 없다. 이유를 알아야 조치를 취하거나 대응을 할 텐데 이유를 모르니 답답하기만 하다. 그날 오후에도 박 과장님이 커피 한 잔을 들고 내 자리로 다가왔다. 그런데 내 옆으로 가까이 오는 게 아니라, 내 책상에서 살짝 떨어져 어정쩡하게 선 채로 말을 걸었다. 얼굴을 보니 과장님의 윗입술이 살짝 들려서 올라가 있고, 팔자주름이 도드라져 보였다. 금방이라도 구토를 할 것만 같은 느낌까지 든다. 회사에서 낮술을 먹었을 리도 없고, 대체 저 표정은 무슨 의미일까?

박 과장이 짓는 표정의 특징들을 분석했을 때, 그가 느끼는 감정 상태는 혐오일 확률이 높다. 혐오는 다른 말로 표현하면 반감이다. 보고 싶지 않은 대상을 보거나, 먹고 싶지 않은 음식이 눈앞에 있을 때 느끼는 역겨운 감정이다. 일반적으로 혐오라는 감정은 무조건 느끼면 곤란하거나 안 좋은 감정이라고 생각할 수 있다. 하지만 사실 그렇지 않다. 원시시대에 혐오감은 인간에게 매우 중요한 역할을 했다. 자신의 몸에 해가 되거나 독이 든 음식을 먹지 않도록 보호하는 역할을 했다. 즉 혐오는 스스로를 위험한 것들로부터 지켜주는 방패 같은 감정인 것이다.

혐오감은 어디에서 올까

혐오를 일으키는 대상은 매우 다양하다. 냄새, 촉감, 맛, 소리, 생각 등 무궁무진하다. 예를 들면 상대방의 생각이나 행동에 윤리적으로 문제가 있어서 반감을 가질 수 있다. 평소 보기만 해도 속을 거북하게 만드는 음식이 식탁에 놓여 있을 때, 뱀이나 파충류를 싫어하는데 우연히 파충류의 모습을 TV에서 보게 됐을 경우 등등에서 혐오를 느낀다.

혐오를 느끼는 강도 역시 다양하다. 가벼운 혐오는 그저 고개만 돌리거나 냄새를 안 맡으려고 코를 막는 정도에서 그친다. 하지만 극단적인 경우 구역질이 나거나 대상을 아예 없애버리려는 시도까지 하게 된다.

이때 한 가지 흥미로운 점이 있다. 혐오를 불러일으키는 대상은 사람마다 크게 다르다는 점이다. 누군가는 생굴을 매우 좋아하지만, 누군가는 보기만 해도 참을 수 없이 역겨워 한다. 순대, 산낙지, 소의 간, 멍게 등 사람에 따라 누군가는 무척 좋아할 음식이 누군가에겐 혐오의 대상이 된다. 국가마다 차이가 나기도 한다. 어떤 나라에서는 누구나 즐겨 먹는 음식이 다른 나라 사람들에게는 혐오를 일으키기도 한다. 아는 분은 홍콩에 방문했다가 우연히 취두부 냄새를 맡고는 속이 울렁거려서 혼이 났다고 했다. 하지만 취두부는 누군가에게는 너무나도 맛있는 음식이다. 이처럼 혐오의 대상은 문화권에 따라서도 다르다. 그러니 따지고 보면 '혐오스럽다'와 '혐오스럽지 않다'를 구분 짓는 기준 자체가 매우 주관적이고 모호한 것이다.

다시 앞의 사례로 돌아가보자. 우선 박 과장은 당신이 싫은 건 아니다. 당신이 싫다면 평소 함께 식사를 하거나 어울리지 않았을 것이다. 그의 표정이 갑자기 바뀌는 순간들을 떠올려보면, 대개 당신의 책상자리 주변에서다. 당신의 책상 주변에서 박 과장이 혐오스러워하는 무언가를 발견했을 가능성이 높다. 먹다가 책상 위에 방치한 사과, 주변에 날아다니는 초파리, 커피를 마신 후 쌓아놓은 컵들, 소스가 묻은 햄버거 포장 종이 등이 박 과장으로 하여금 혐오감을 느끼게 했을 수 있다. 혐오를 느끼면서도 여전히 당신과 그 자리에 서서 이야기를 나누고 있다면, 사실 그는 당신을 많이 좋아한다고 봐야 한다. 당신에게 평소에 호감을 가지고 있기 때문에 자신의 혐오감을 억누르고 있다.

콧잔등의 주름은 말하고 있다

당신은 어떤 음식을 싫어하는가? 그 음식을 머릿속으로 떠올려보자. 만약 싫어하는 음식이 없다면 평소에 징그러워하는 벌레나 파충류, 동물 등을 떠올려보자. 그리고 당신이 싫어하는 음식을 입에 넣거나 징그러운 것이 피부에 닿는 상상을 해보자. 이런 상상을 하면서 당신의 표정을 거울에 비춰봤을 때 보이는 표정이 바로 혐오의 표정이다.

혐오를 느낄 때 얼굴에서 가장 크게 바뀌는 부위는 바로 코다. 인간은 혐오스러운 대상을 발견했을 때 무의식적으로 그 대상의 냄새를 맡지 않으려 한다. 원시시대 사람들은 생명에 치명적인 독버섯으로부터 스스로를 보호하기 위해 독버섯이 보이지 않는 곳까지 도망갔다. 그런데 만약 멀리 떨어질 수가 없거나, 대상을 제거할 수 없는 상황이라면 어떨까? 적어도 냄새라도 맡지 않으려 할 것이다. 그래서 혐오스러운 걸 발견하면 자연스럽게 콧구멍의 크기가 줄어들며 냄새를 차단한다. 이렇게 되면 표정에서 코가 뭉뚱그려지는 것 같은 모양새가 되고, 콧잔등에 주름도 잡힌다. 혐오감의 정도가 강할수록 주름도 더 선명해진다. 코 모양의 변형과 더불어 양 볼의 팔자주름도 더 명확해진다.

- 콧구멍의 크기가 줄어들며, 코
  가 뭉뚱그려진다.
- 콧잔등에는 주름이 잡힌다.
- 윗입술이 위로 말려 올라간다.

- 얼굴이 중앙으로 몰리는 듯한
  느낌이 들면서 입술이 두툼해
  진다.
- 팔자주름이 깊어진다.
- 고개를 좌우로 흔들거나, 뒤로
  물러선다.

이때 한 가지 유의해야 할 점이 있다. 기업의 임직원들에게
표정 강의를 하는 도중 한 참가자가 이런 질문을 했다. "배우
김혜수 씨는 코에 주름이 자주 잡히던데요. 혐오를 자주 느껴
서 그런 건가요?" 강의장 안에 있는 모두가 웃음을 터트렸다.
물론 아니다. 그건 김혜수 씨의 습관일 뿐이다. 사람의 얼굴이
나타내는 신호는 크게 두 가지로 구분한다. 잘 변하지 않는 고
정 신호와 자주 바뀌는 빠른 신호로 나뉜다.

먼저 고정 신호는 갑자기 나타나는 얼굴의 신호가 아니라,

제가 겉으론 웃고 있지만요

세월이 가면서 자연스럽게 생기는 것들이다. 대표적인 것이 이마 주름, 미간 주름, 팔자주름이다. 오랜 기간 특정 표정을 자주 지어서 생긴 주름도 여기에 해당된다. 예를 들어 잘 웃는 사람은 눈꼬리 부분에 까마귀 발톱 같은 주름이 새겨져 있다. 김혜수 씨의 콧잔등 주름 역시 코를 찡긋하며 웃는 표정을 자주 짓다 보니 생긴 고정 신호다. 고정 신호는 일반적으로 감정을 드러내는 신호로 보지 않는다. 반면 얼굴에 갑자기 나타나는 신호는 감정을 느끼면서 순간적으로 나타나는 정확하고 솔직한 메시지로 본다. 이 때문에 빠른 신호를 잡아낼 수만 있다면, 감정의 변화를 파악하기 쉽다.

혐오를 나타낼 때 코 외에 움직이는 또 다른 부위는 윗입술이다. 코에 주름이 잡히지 않더라도 윗입술만 위로 올리면, 역시 혐오의 표정이 만들어진다. 식사를 하려고 기다리던 식당 바닥에서 바퀴벌레를 발견한 순간, '으으' 하며 신음소리를 내는 동료의 표정을 보면 윗입술이 올라가 있다. 마치 얼굴이 가운데로 몰리는 듯한 느낌이 들면서 입술이 위로 말려 올라간 동료의 감정은 명백한 혐오다.

또 다른 혐오의 신호는 고개다. 예전에 해외로 여행을 갔다가 우연히 길거리에서 동물을 마구 때려 잡아가는 장면을 보고는 극심한 혐오감을 느낀 적이 있다. 무자비하고 잔인한 상황을 보며 화도 났지만, 한편으론 부도덕한 행동을 서슴지 않는 상대방에게 강한 혐오감을 느꼈던 것 같다. 내 주위를 둘러보니 일행들 역시 같은 표정을 짓고 있었다. 그리고 일부는 고개를 좌우로 절레절레 흔들고 있었다. 혐오스러울 때 사람들은 코를 찡그리며 고개를 좌우로 흔들거나 뒤로 물러난다. 혐오를 느끼는 대상을 부정하며, 그것으로부터 멀어지고 싶은 거부감 때문에 나타나는 행동이다.

상대방이 당신의 행동이나 성향 자체에 대해 반감을 갖는다면, 그와 인간적인 유대감을 갖기는 현실적으로 어렵다. "서로 얼굴 보지 말자"라고 합의하지 않아도 자연스럽게 얼굴 보는 시간이 줄어들며 관계가 멀어진다. 혐오를 느끼는 대상끼리 한 공간에 머무르기는 거의 불가능하기 때문이다.

하지만 앞의 사례처럼 단순히 책상 위가 지저분해서 혐오를 느끼는 상황이라면 책상 위를 깨끗이 정리하고 치워서 상대방의 혐오감을 없애줄 수 있다. 상대방이 혐오스러운 표정을 짓는다고 해서 무조건 당신을 싫어하거나 당신에게 반감을 갖고 있어서라고 생각할 필요는 없다. 혐오를 느끼는 원인이 무엇인지를 정확히 찾아내어 대처하면 해결된다.

숨겨보려 해도
감출 수가 없네
: 행복

　직장생활을 하다 보면 힘들 때도 있지만 즐거운 일도 많다. 연봉 인상, 복지 개선, 승진, 좋은 동료, 추진하던 프로젝트의 좋은 결과 등등. 이런 일들이 생기면 누구나 긍정적이고 밝은 감정을 느낀다. 행복, 기쁨, 즐거움, 흥분, 설렘, 짜릿함 등의 감정들이다. 이런 감정들을 굳이 색깔로 표현하자면 노랑, 주황 같은 에너지가 넘치는 색이다.

　즐거운 감정을 느낄 때 당연히 우리의 표정과 자세에도 여러 가지 변화가 나타난다. 그런데 사람의 성향에 따라 즐거운 감정을 느끼고 표현하는 데에는 큰 차이가 있다. 어떤 이는 자신의 즐거운 감정을 밖으로 표현하기 쑥스러워하거나 불편해한다. 그래서 입을 벌려 큰 소리로 웃기보다 입을 손으로 가린 채 웃는다. 가능하면 웃는 표정을 다른 사람에게 들키지 않으려고 웃음을 참으려 애쓴다. 하지만 부정적 감정들과 마찬가지로 즐거운 감정 역시 숨기고 싶어도 잘 숨겨지지 않는다.

오늘 팀장님이 팀 특별 보너스가 지급된다는 소식을 전해 주었다. 연초부터 경기 침체에 대한 뉴스들이 쏟아져 나온 데다 회사 사정도 안 좋다는 이야기가 많아 전반적으로 팀 분위기가 가라앉아 있던 차였다. 당연히 이런 분위기에서 보너스를 기대하는 건 어렵겠다고 생각했다. 정확히 말하면 받길 포기하고 있었다. 그런데 우리 팀이 예상 외의 성과로 실적이 두드러졌고, 사장님께서 특별 보너스를 지급하라고 지시하셨다는 것이다.
하지만 나도 그렇고 우리 팀 팀원들은 대놓고 기쁜 내색을 하기 어려웠다. 우리 팀에만 주어진 특별 보너스니 눈치가 보인 것도 사실이다. 우리는 옆 팀에 들리지 않도록 소리 없는 하이파이브를 하면서 오랜만에 함박웃음을 지었다.

우리가 기쁨을 느낄 때, 우선 동작의 크기가 달라진다. 행복, 기쁨 등의 밝은 감정은 에너지가 크다. 긍정적인 흥분 상태라고 보면 된다. 그래서 얌전히 한 자리에 앉아 있기가 어렵다. 옆에 앉은 사람과 하이파이브도 하고, 사무실 안을 괜히 이리저리 걸어다니기도 하고, 지나가는 사람에게 인사를 하거나 말을 걸기도 한다. 컴퓨터 앞에 앉아 보고서를 집중해서 작성하거나 펜을 들고 차분하게 글을 쓰기가 힘들다. 모두 몸에 에너지가 넘치는 상태이기 때문에 나타나는 증상이다. 몸동작이 커지는 것이 이런 이유 때문이다. 손짓, 고개를 돌리는 동작, 발걸음 등이 모두 시원시원해지고 커진다.

커지고 늘어나는 행복의 표정들

얼굴에서도 나타나는 행복의 감정 신호가 있다. 얼굴에서는 두 가지 부위를 살펴보면 된다.

먼저 평소의 눈에서 모양새와 크기가 달라진다. 웃을 때 볼이 살짝 위로 들려 올라가면서 눈 모양이 반달모양으로 바뀐다. 그 다음으로는 입매가 달라진다. 입꼬리는 균형감 있게 양쪽 모두 올라가면서, 광대뼈가 있는 볼 부분이 도드라져 보인다. 누군가 좋아하는 모습을 보고 "좋아서 입이 귀에 걸렸네!"

- 양 입 꼬리가 균일하게 올라간다.   - 눈이 반달 모양이 된다.
- 눈썹이 살짝 위로 올라간다.   - 입이 벌어지며 소리 내어 웃는다.

라고 말한다면 딱 맞는 표현이다.

얼마나 기쁘고 행복한가에 따라 윗입술과 아랫입술이 벌어지는 정도도 달라진다. 정말 기쁘고 행복할 때는 입을 더 많이 벌리고 웃을 때 치아도 많이 보인다. 한편 잔잔한 행복감이나 소소한 기쁨을 느끼는 경우에는 입을 벌리기보다는 입꼬리만 올리는 정도의 미소가 된다.

평소보다 행동이 빨라지는 것도 행복의 감정 신호다. 실제로 나를 향해 걸어오는 사람의 발걸음을 살피면, 그 사람의 대략적인 기분을 알아차릴 수 있다. 밝은 표정으로 두 팔을 앞뒤로 휘두르며 발걸음을 성큼성큼 띄며 다가오는지, 좁은 보폭으

112

로 느리게 걸어오는지에 따라 행복과 기쁨의 강도가 어느 정도 인지를 파악한다.

　기분 좋은 사람치고 힘 없이 조용히 다니는 사람은 없다. 아이들을 관찰해보면 이 사실을 분명하게 알 수 있다. 아이들이 기쁘고 행복할 땐 팔짝팔짝 뛰며 손뼉을 친다. 웃음소리도 '까르르' 하고 커진다. 흥분해서 몸짓이 커지고 행동도 빨라진다. 얼굴은 방긋 웃는 이모티콘처럼 반달 모양의 눈과 양쪽 위로 잡아당겨진 입 모양을 하고 있다. 상대방의 겉모습에서 이런 변화가 생겼다면, 상대방은 행복감과 기쁨을 느낀다고 판단하면 된다. 그리고 상대방이 느끼는 그 감정을 함께 공유하며 즐거움을 나눠 배로 만들면 된다.

Tip

거짓말은 있어도
거짓몸짓은 없다

정도의 차이는 있지만 대부분의 사람들은 상대방의 속마음을 정확히 알고 싶어 한다. 지금 거짓말을 하는 것인지, 말하는 내용이 사실인지 등을 궁금해한다. 그래서 "정말이야?" 하고 재차 확인을 하기도 하고, "거짓말하기 없다!" 하며 일종의 협박도 한다. 하지만 거짓말로 나를 속여야겠다고 마음먹은 상대방에게 그 말이 사실이냐고 묻는 건 의미 없는 일이다. 보나마나 "물론이지! 나 못 믿어?" 하며 잡아뗄 테니 말이다.

상대방에게 직접 물어보는 것이 큰 의미가 없으니, 표정과 몸을 통해 진짜 속마음을 읽는 훈련이 필요하다. "물건이 출고되면 제일 먼저 보내드릴게요"라고 말하는 거래처 담당자의 말을 어디까지 믿을 수 있을까? "앞으로 다른 회사는 눈도 돌리지 않고 앞으로 30년을 다니겠습니다!"라고 말하는 신입직원의 말을 100% 믿을 수 있을까? "돈 빌려주면, 한 달 내로 갚을게!"라는 동창생의 말은 정말 사실일까?

제가 겉으론 웃고 있지만요

진실 여부를 판별해낼 수만 있다면, 우리는 발생할 수 있는 부정적인 상황을 미리 예방할 수 있을 것이다. 상대가 진실을 말하고 있는지 파악하기 위해서는 우선 두 가지 질문을 기억하자.

- 표정과 몸짓이 말하는 내용과 일치하는가?
- 표정, 몸짓, 태도 등에서 어색한 점이 있는가?

따로 놀면 신뢰는 도망간다

우선, 표정과 몸짓은 말하는 내용과 일치해야 진실일 확률이 높다. 콜게이트 대학 스펜서 켈리Spencer Kelly 교수는 말하는 상대방의 말과 몸짓이 일치하지 않을 때 이를 보는 사람의 뇌에서 변화가 일어난다고 설명한다. 이해 속도가 급격히 느려지며 진정성을 의심하게 된다. 사람의 표정과 몸은 말과 일치해야 진실이라는 느낌을 갖는다. 서로 일치하지 않는다면 의심이 든다. 대표적인 예가 바로 "예, 그렇습니다"라고 대답하면서 고개를 좌우로 흔드는 경우다. 원래 "예"라고 대답할 때는 고개도 아래위로 끄덕이는 게 우리나라에서는 당연한 행동이다. 그런데 상대방이 "예"라고 말하면서 고개를 좌우로 흔든다면 어떨까. 상대방을 지켜보는 우리의 뇌에서 이해하는 속도가 느려지고 "저 태도는 뭘까?" 하는 수상한 느낌을 갖게 된다.

긍정을 말하며 부정을 드러내는 몸짓을 보이는 것 말고도, 무언가를 말하면서 시선과 손짓이 정반대를 향하는 경우도 있다. 대표적인 예로 빌 클린턴 미국 전 대통령 사례를 꼽을 수 있다. 염문설로 청문회에 섰을 때 누군가가 그에게 물었다. "당신은 그녀와 불륜을 저질렀습니까?" 그러자 빌 클린턴은 "전 결코 그런 행동을 하지 않았습니다"라고 오른쪽을 쳐다보고 말하면서 손가락으로는 왼쪽을 가리켰다. 이는 일반적인 행동이 아니다. 이 대목이 이해가 가지 않는다면 본인이 직접 행동으로 옮겨보면 된다. 기본적으로 사람은 무언가를 강조할 때 자신이 바라보는 방향으로 손가락을 가리키며 말한다. 그런데 빌 클린턴은 쳐다보는 방향과 손가락으로 가리키는 방향이 정반대를 향했다. 이런 모습을 본 미국인들의 뇌는 순간적으로 혼란 상태에 빠졌다. 뭔가가 일치되지 않는다는 느낌이 든 것이다. 이 장면에서 사람들은 자연스럽게 의문점을 가졌고, '어딘가 어색한데? 믿음이 안 가'라고 생각했다. 상대방의 진실성이 궁금할 땐 이런 불일치들이 발생하는지 관찰하는 게 중요하다. 만약 불일치가 일어났다면 무심하게 넘기지 말아야 한다. '그냥 말하다 보니 그렇게 된 거겠지'라고 생각해버리면, 남는 것은 상대방에게 속는 일뿐이다. 말과 드러나는 행동은 일치하는 것이 일반적이다.

먼저 크게 보고 그 다음에 집중하자

두 번째로 표정, 몸짓, 태도를 전체적으로 살피고 어색한지를 파악한다. 상대방을 관찰할 때는 어느 한 부분만 편협되게 보지 말고 전체적으로 살펴야 한다. 한두 가지 단서에만 몰두하면 오히려 놓치는 부분들이 생긴다. 실제로 우리는 일상생활 속에서도 이런 경험을 자주 한다. 얼마 전 대형 마트에 가서 장을 본 적이 있다. 그날 오후 친구에게 전화가 걸려왔다. "아까 마트에 왔었지? 내가 부르고 손까지 흔들었는데도 그냥 못 보고 지나가더라." 내가 물었다. "어디서 날 봤는데?" 그러자 친구가 답했다. "5층."

그때 5층에서는 이월상품들을 싸게 판매하는 행사가 한창이었다. 그리고 나는 북적이는 사람들 틈에서, 물건들을 사는 데에 집중하고 있었다. 친구는 내 주변 사람들까지 돌아볼 정도로 크게 나를 불렀다는데 정작 나는 듣지 못했다. 이런 상황을 심리학 용어로 '무주의 맹시Inattention Blindness'라고 한다. 이는 하나에 몰두하면 다른 주변 상황을 인지하지 못하는 걸 말한다. 대표적인 실험으로 하버드대학교 대니얼 사이먼스Daniel Simons와 크리스토퍼 차브리스Christopher Chabris 교수 팀의 고릴라 실험이 있다. 1분짜리 농구 경기 동영상을 보여주면서, 피실험자들에게 한 팀이 몇 번 패스했는지를 세어보도록 했다. 그 영상에는 고릴라 분장을 한 사람이 9초 동안 등장했다. 그런데 영상을 본 피실험자의 50% 정도는 고릴라의 등장을 발견하지 못했다고 답했다. 특정한 것에만 집중하다 보니 발생한 결과다.

상대를 관찰하고 감정을 읽어낼 때도 마찬가지다. 상대의 얼굴 부위 하나에만 집중하지 말고 전체를 살펴보자. 우선 상대의 모습을 전체적으로 폭넓게 훑어본 후에, 상대방의 입, 눈의 크기, 몸의 자세 등을 관찰하는 것이 결과적으로 더 정확하다.

3장

마음 씀씀이가
업무가 되지 않게

－적절한 대응－

화가 타오를 땐
불부터 끄자
: 상사의 분노

상사가 불같이 화를 낸다. 내가 미처 챙기지 못하고 누락시킨 자료 때문이다. 상사가 저렇게 화를 낼 땐 도대체 어떻게 해야 하나? 그냥 서 있으면 될까? 아니면 뭐라도 변명을 해야 하는 걸까? 도무지 어떡해야 할지 모르겠다.

상사가 화를 내면 정말 난감하다. 가족이 내게 화를 내거나 친구나 동료가 화를 낼 때는 그래도 마음속 어딘가 숨 쉴 여유는 있다. '살다 보면 그럴 수도 있지' 하는 생각도 몰래

제가 겉으론 웃고 있지만요

한다. 미안한 감정이 들면서도 나를 몰아붙이는 상대방에게 억울한 감정도 든다. 그래서 상대방이 계속 화를 내면, "이제 좀 그만해!"라며 같이 화를 내기도 한다. 그런데 상사의 경우는 그럴 수가 없다.

예일대에서 조사한 미국 직장 내 감정 관련 연구 결과를 살펴보면, 직급이 높은 이가 직장에서 가장 자주 표현하는 감정이 '화'인 것으로 나타났다. 다시 말하면 일이 제대로 진행되지 않았을 때 담당 직원에게 화를 낼 수 있다고 믿는 사람이 많다는 뜻이다. 이는 미국에만 한정되는 이야기가 아니다. 다른 문화권에 비해 직장에서 가부장적인 요소가 강하게 작용하는 한국은 오히려 더 심할 수 있다.

폴 에크먼 박사는 화가 발생하는 원인을 다음 몇 가지로 설명한다. 첫째, 자신의 목표 달성에 방해가 된다고 생각할 때 화가 난다. 누군가가 불공평하게 행동하거나 악의적으로 행동해 피해를 입었다고 믿을 때 화의 강도는 더욱 거세진다. 둘째, 물리적인 위협이다. 누군가 내게 손해를 입히겠다고 협박하거나 육체적인 위협을 가하면 화를 내면서 싸울 수 있다. 만약 화가 나면서도 동시에 두려운 마음이 든다면, 물리적 위협으로부터 우선 도망칠 수도 있다. 셋째, 상대방의 말이나 행동이 물리적

협박이기보다 감정적 상처를 줄 때다. 상대방이 나를 모욕하거나 나를 배려하지 않는 행동을 할 때 화가 날 수 있다.

이외에 내 도덕적·윤리적 가치에 어긋나는 행동을 하는 상대방을 보면 화가 난다. 뉴스를 통해 자신의 가족을 제대로 보살피지 않는 사람들의 이야기를 접하면 화가 나는 것 등이 대표적 예다.

이처럼 화를 만드는 여러 원인들 중 직장에서 상사가 화를 내는 것은 대개 상사 자신과 조직의 목표 달성에 방해가 되었거나 부정적 영향을 미쳤다고 생각하는 경우다. 사실 부하직원으로써, 상사에게 물리적인 위협을 가하거나 상사를 인격적으로 모욕하는 경우는 거의 없기 때문이다.

들끓는 감정의 뇌부터 진정시켜라

폴 에크먼 박사는 『언마스크, 얼굴 표정 읽는 기술Unmasking the Face』에 다윈이 셰익스피어의 「헨리 5세」를 인용하여 화를 표현한 부분을 실었다.

전쟁의 돌풍이 우리 위에 불어 닥칠 때,

제가 겉으론 웃고 있지만요

호랑이의 행동을 모방한다.

힘줄을 당기고, 피를 끓어오르게 하며,

눈에 힘을 주고 끔찍한 상대를 바라본다.

이를 단단히 물고 콧구멍을 넓히고,

거친 숨을 유지하면서 정신을 바짝 차린다.

최대한 몸을 크게 곧추세운다! 아, 당당한 표현이여!

　　화를 표현하는 방법이나 강도는 사람마다 다르다. 누구는 화가 나면 소리를 지르거나 말소리가 떨리고, 또 다른 사람은 말수가 없어지며 오히려 입을 굳게 다물어버린다. 표현 방식은 각기 다르지만 우리 몸에서 나타나는 증상은 비슷하다. 말을 하든 안 하든, 소리를 지르든 조용한 목소리로 이야기하든, 공통적으로 나타나는 신체적 증상이 있다. 화가 나면 대개 얼굴이 붉어지며 호흡이 가빠진다. 씩씩거리면서 깊은 숨을 쉬지 못한다. 공격성을 드러내며 주먹을 쥐기도 하고, 근육이 긴장되어 뻣뻣해지기도 한다. 대개는 화를 나게 만든 상대방 쪽을 향해 서서 공격적인 시선으로 바라본다. 당연히 상사가 화를 낼 때도 이런 신호들이 나를 향해 표현된다. 나보다 직급과 직책이 높은 존재라는 것만으로도 부담스럽고 두려울 때가 많은데 상사가 화까지 내는 상황에서는 숨을 못 쉴 것처럼 위축이 되고 무서움을 느끼게 된다.

그렇다면 부하직원의 입장에서 화를 내는 상사의 감정을 어떻게 하면 조금이라도 누그러뜨리고 현명하게 대처할 수 있을까?

이를 위해서는 화가 난 사람의 뇌 속 변화부터 이해해야 한다. 뇌는 크게 세 가지로 분류할 수 있다. 가장 기본적인 감각과 관련된 파충류의 뇌, 다양한 감정이 발생하는 포유류의 뇌, 그리고 마지막으로 언어 기능을 관장하며 감정을 조절하는 똑똑한 인간의 뇌가 있다. 그런데 화와 같이 강렬한 감정이 발생하면 감정을 담당하는 포유류의 뇌가 자극되면서 부풀어 오른다. 포유류의 뇌는 다른 말로 '감정의 뇌'라고 부르는데, 감정의 뇌가 부풀어 오르는 감정거품현상Emotion bubble effect이 여기에서 생긴다.

감정의 뇌가 부풀어 오른 상태에서는 이성적인 사고가 불가능하다. "이성적으로 생각하세요. 감정부터 앞세우지 마세요." 이런 이야기를 아무리 반복해도 소용없다. 감정의 뇌가 부풀어 오른 상대는 감정에 휘둘릴 수밖에 없다. 이럴 때는 감정의 뇌를 진정시키는 것이 우선이다. 그래야 비로소 이성적인 인간의 뇌가 제대로 작동하면서 안정된 상태로 돌아올 수 있다. 이러한 뇌 속 변화를 인지했다면, 화가 난 상대에게 어떻게 대처해야 하는지를 살펴보자.

제가 겉으론 웃고 있지만요

첫째, 상대방의 공격성을 가라앉혀야 한다. 화가 난 상사 앞에서 "그렇게 무작정 화만 내지 마시고요, 저도 억울해요"라고 말해봐야 소용없다. 오히려 화만 부추길 뿐이다. 상사와 직원들이 서로 대화를 나누는 모습을 관찰해보면 이런 경우를 종종 목격한다. 직원이 억울한 나머지, "부장님이 이렇게 하라고 말씀하셨는데, 기억 안 나세요?" 하며 항의를 한다. 불난 집에 부채질하는 어리석은 대응 방식이다. 그렇게 항변한다고 해서 흥분한 상사가 "아! 생각해보니 내가 그렇게 지시했었구나, 미안해요"라고 할 리 만무하다. 화가 난 상황에서는 생각 자체를 제대로 할 수 없기 때문이다.

물론 상사의 지시를 따른 것뿐인데 억울하다는 생각이 들 수 있다. 다시 한 번 강조하지만 화를 내는 동안에 상사는 이성적인 사고를 하지 못한다. 그런 상대에게 따지고 들어봤자 소용이 없다. 도리어 잘못된 결과에 대해 상사 때문이라고 탓하는 것처럼 비춰지면서 화를 돋운다.

그러니 일단은 감정적으로 흥분한 상사의 뇌를 안정시키자. 가장 좋은 대응의 시작은 "죄송합니다"라고 말하는 것이다. 과정이야 어찌 되었건, 상사와 조직에 부정적인 영향을 미치게 된 점에 대해 사과부터 한다. 어찌 됐건 사과의 말을 들은 감정의 뇌는 흥분된 상태가 서서히 가라앉으며 진정되기 시작한다.

둘째, "죄송합니다"라는 말에 걸맞는 자세와 태도를 함께 취해야 한다. 입으로는 죄송하다고 하면서도, 표정과 자세에서 "난 당신에게 죄송한 일을 한 적이 없어"라는 신호를 표출하는 사람들이 종종 있다. 감정이 북받친 상사는 이런 모습을 보고 "대체 저 건방진 태도는 뭐야?!"라고 느끼면서 더 괘씸하게 생각한다. 억울한 마음에 성질대로 행동하고 싶은 마음도 들지 모르겠다. 하지만 냉정하게 말하면 자신에게 득이 될 건 없다. 윗사람에게 사과하거나 상황에 대해 반성한다는 메시지에 부

화난 사람에게 대처하는 자세

제가 겉으론 웃고 있지만요

합하는 자세를 취하는 게 현명하다.

어깨는 살짝 구부리면서 위축된 자세를 보이고, 고개는 숙인다. 두 손은 공손하게 맞잡아 앞으로 모으고 시선은 상사의 눈이 아닌 바닥 쪽으로 향한다. 앞서 셰익스피어가 화에 대해 표현한 '호랑이의 행동'과 같이 거친 태도를 보이는 상사 앞에서, 당신은 상대적으로 고개 숙인 자세로 몸을 낮추고 화의 기세를 누그러뜨려야 한다.

이런 자세를 취하는 것이 자존심 상하고 짜증스러울 수 있다. 주변에 있는 직장인들 중에서는 "이렇게까지 해야 하나요? 자존심 상해요. 그러느니 차라리 사표를 쓰고 말죠!"라고 말하는 경우도 있다.

누구나 살아가면서 언제나 어떤 순간에나 당당하고 싶을 것이다. 그런 태도로 살아가는 것이 삶에서 무척 중요하고 의미 있는 부분이기도 하다. 하지만 감정에 잘 대처하라는 말이 모든 순간에 당당하라는 뜻은 아니다. 머리를 숙이는 것 그 자체에 자존심이 상할 필요는 없다. 부하직원으로서 문제상황에 직면했을 때 상사의 마음을 누그러뜨리고 현명하게 문제를 해결하도록 상황을 이끄는 행동은 직장에서 중요한 능력 중 하나다. 몸을 낮출 땐 낮추고, 세울 땐 세우는 것이 현명한 감정처세술이다.

감정 롤러코스터
덜 무섭게 타는 법
: 감정 기복

우리 팀 과장님은 하루에도 열두 번씩 감정이 널을 뛴다. 좋았다가 나빴다가 종잡을 수가 없다. 이유라도 알면 좋겠는데 도대체 왜 갑자기 기분이 바뀌는지를 모르겠다. 그러다 보니 항상 과장님 눈치를 살피게 되고, 결재서류를 올리기 전에도 "과장님 지금 기분 어떠셔?"라며 직원들끼리 서로 물어본다. 일도 많은데, 이런 것까지 신경 쓰려니 너무 피곤하다. 정말 왜 그런지 이유라도 알면 덜 답답할 텐데 말이다.

제가 겉으론 웃고 있지만요

우리는 출근하기 전이나 외출하기 전에 날씨를 확인한다. 비가 오는지, 더운지, 추운지 등을 살피고 옷차림을 바꾸거나 우산을 챙긴다. 지금이야 일기예보의 정확성이 높아져서 스마트폰으로 미리 확인하고 준비하면 되지만, 아주 오래전에는 일기예보라는 게 딱히 없었다. 개미가 개미집을 막으면 비가 온다거나, 제비가 낮게 날면 비 올 확률이 크다는 등 동물들의 움직임을 보고 날씨를 추측했다. 어르신들은 그날의 몸 상태로 날씨를 예측하시곤 했다. "비가 오려나 보다, 관절 마디마디가 쑤시는 걸 보니…" 하시면서 말이다. 어쨌거나 하루의 날씨를 모르고 외출하면, 갑작스레 소낙비를 맞게 되거나 추운 날씨에 고생할까 봐 불안해진다.

감정도 날씨처럼 예측이 안 되면 불안감이 생긴다. 상대방의 감정 상태가 대략이라도 파악이 안 되면 자꾸 눈치를 살피며 우왕좌왕한다. 정확하게는 몰라도 대충 기분을 알고 예측이 되어야 그에 맞춰 대응할 수 있는데, 그럴 수 없으니 마음이 힘들다.

주변을 둘러보면 감정이 전혀 예측되지 않는 사람들이 있다. 하루에도 몇 번씩 극심한 감정 변화를 보이는 사람의 감정은 도무지 종잡을 수가 없다. 말 그대로 감정의 롤러코스터를 타는 사람이다. 점심시간에는 함께 커피를 마시며 '하하, 호호'

즐겁게 이야기까지 나눴는데 한 시간도 안 지나서 나를 대하는 태도가 냉랭하기 그지없다. "혹시 아까 그 서류 어디에 두셨어요?"라고 물었더니 눈도 안 마주치고 "저쪽에요!" 하고 차갑게 말한다. '내가 뭘 잘못했나? 실수한 게 있나? 점심 먹은 이후에 별 일 없었는데' 아무리 생각해봐도 특별한 이유가 떠오르지 않는다.

내 속엔 남이 너무도 많아

상대방의 감정은 그 사람의 감정이고, 내 감정과는 별개다. 하지만 한 공간 안에 있으면 그게 마음대로 안 된다. 신경이 쓰이고 마음이 불안해진다. 이유 없이 감정이 오르락내리락하는 사람은 도대체 왜 그러는 걸까?

감정 기복이 심한 까닭은 몇 가지로 나눌 수 있다. 우선 성향과 표현 자체가 다른 사람에 비해 강한 사람이다. 이들은 희로애락에 대한 감정 표현이 분명한 경우다. 대개 우리나라나 일본 사람들은 특정 감정을 느껴도 그 감정을 표현할 때, 실제 느끼는 것에 비해 표현 강도가 약한 편이다. 뛸 듯이 기뻐도 큰 소리로 웃지 않고, 절제하며 조용히 미소를 짓는 데 그친다. 크게 슬퍼도 바닥에 철퍼덕 주저앉아 엉엉 울지 않는다. 그게 미덕이라고 여기는 문화 때문이다. 하지만 자신의 감정을 거침없이 드러내는 사람도 분명히 있다. 기쁘면 크게 소리 내어 웃고, 슬프면 눈물을 흘리며 서럽게 운다. 깜짝 놀라면 '꺅!' 소리를 지르거나, 화가 나면 눈을 부릅뜨고 목소리를 높인다. 이는 감정을 드러내는 표현 습관 때문이다. 자신의 감정을 있는 그대로 드러내고, 때로는 과장해서 표현하는 사람은 감정 기복이 상대적으로 심한 것처럼 보인다.

한편 타인의 영향을 많이 받는 사람도 감정 기복이 심하다. 우리는 이들을 '귀가 얇은 사람들'이라고 부른다. 이들은 누군가 거슬리는 말을 했거나, 부정적인 소리를 들으면 금방 감정이 바뀐다. 새로 산 옷을 입고 출근하면서 기분이 유독 좋았다. 그런데 복도에서 만난 동료가 "옷 색깔이 안 어울리네요"라고 말하면 그냥 흘려듣지 못한다. '이 옷을 사지 말걸!' 하며 금세 기분이 가라앉는다. 다른 사람의 의견에 영향을 받아서 감정이 수시로 바뀐다. 아침에 집을 나설 때까지는 좋았는데, 지하철에서 누군가에게 "문을 가로막고 서 있으면 어떡해요!"라는 항의를 듣는 순간 기분이 확 상한다. 점심식사를 하러 가는데 상사가 내가 아닌 다른 직원과 도란도란 이야기를 나누며 걸어가면 갑자기 우울해진다. 이런 성향인 사람들의 경우 감정을 결정하는 주체가 자기 내면이 아니라 외부에 있다고 봐야 한다. 그래서 감정의 균형을 잘 잡지 못한다. 시시때때로 타인에게 영향을 받으면서 감정이 바뀐다.

마지막으로 자존감이 낮은 경우에도 감정 기복이 심할 수 있다. 자기 자신에 대한 존중감이 없으면 매사에 예민하고 소심해진다. 귓속말로 조용히 이야기하는 직원들만 봐도 '혹시 내 험담을 하는 건 아닐까?' 하며 마음을 졸인다. 상사로부터 사소한 수정 사항을 전달 받았을 뿐인데 '역시 난 안 돼' 하며 쉽게 감정이 무너져내린다. 자존감이 낮은 사람은 기분이 좋았다 나빴다 오락가락하기보다 평상시에는 중립적인 감정 상태를 유지하다가 주변의 자극에 급격히 기분이 나빠지는 경우가 더 많다. 주위 사람들로부터 조금이라도 싫은 소리를 들으면 자존감이 낮아지며 쉽게 좌절감을 느끼기 때문에 누구보다 자기 자신이 가장 힘들다.

감정 기복의 구간에 따라 움직이기

주변에 감정 기복이 심한 사람이 있다면 앞서 살펴본 유형들 중 어느 쪽에 해당되는지를 살펴보자. 감정을 여과 없이 표현하는 성향 때문에 감정 기복이 심한 것처럼 보이는 건지, 다른 사람의 의견에 휘둘리는 스타일이라 그런 건지, 그도 아니면 자존감 자체가 낮아서 사소한 일에도 감정이 널뛰는 건지를

제가 겉으론 웃고 있지만요

관찰해 분류할 필요가 있다.

감정적 성향과 표현 습관 때문에 그런 거라면 크게 개의치 않아도 된다. 누구나 다양한 감정을 느끼지만 그걸 표현하는 강도는 사람마다 다르다. 그리고 감정 표현 습관이나 강도는 어릴 때부터 형성되어온 경우가 많아서 바꾸기가 힘들다. 딱히 당신이 마음에 들지 않아서 그런 게 아니라 그 사람의 성향 때문에 그런 것이므로, 그야말로 '그러려니' 하고 넘어가는 게 정신 건강에 좋다. 정 견디기 힘들면 잠시 자리를 피했다가 오는 것도 방법이다. 잠시 시간이 지나면 또 쉽게 가라앉는 것이 이런 사람들의 특징이다.

반면 다른 사람의 말에 쉽게 감정이 좌우되는 사람이라면 우선은 그 사람을 자극하는 행동을 파악해야 한다. 그가 특별히 싫어하는 행동, 단어나 말투 등을 관찰하고 그 다음엔 될 수 있으면 싫어하는 특정 행동을 삼가자. 감정에 불을 붙이는 기폭제가 되지 않도록 주의하는 게 좋다. 더구나 그 사람이 상사나 선배라면, 좀 더 주의를 기울여야 한다.

자존감이 낮아서 감정 기복이 심한 사람이 가장 상대하기 어려운 경우다. 자신을 존중하는 마음이 스스로 없기 때문에 어떤 이야기나 행동을 해도 결론은 이미 정해져 있다. '나를 무시해서 저러는구나' 또는 '역시 난 이 정도밖에 안 되는 사람이야'라는 식으로 판단해버린다. 변명도 통하지 않고 사과도 별 의미가 없다. 이런 경우에는 평소 그의 장점을 잘 봐두었다가 과도하지 않게 인정해주고 감사를 표현하는 것이 관계에 도움이 된다.

어느 정도 신뢰와 친밀감을 쌓은 관계라면 상대방의 감정 기복에 대해 넌지시 이야기해보는 것도 방법이다. "과장님께서 오전에는 기분이 좋으셨던 거 같은데 오후에는 언짢아 보이셔서요. 혹시 저 때문에 그러신 건 아닌가 싶어서 마음이 쓰였습니다"라고 얘기해보는 것이다. 만약 상대방이 "당신 때문이 아닌데…"라고 하면, "과장님께서 갑자기 언짢은 표정을 지으시면 저도 모르게 눈치를 보게 되더라고요" 하면서 분위기 봐서 슬쩍 던져보자. 물론 이런 이야기는 공개적인 자리가 아닌 일대일의 편안한 자리에서 해야 한다.

상대방의 감정이 널을 뛰어서 전혀 예측이 안 될 것 같아 보이는 경우들도 분명 있다. 하지만 면밀히 살펴보면 대부분은 특정 감정이 나타나기 전에 증상이나 신호들이 미리 나타난다는 점을 기억해야 한다.

감정은 일반적으로 원인이 있기 때문에 결과로 나타난다. 원인-결과의 법칙은 감정의 본질적인 특성에도 해당된다. 앞서 살펴본 것처럼 상대방의 자존감이 낮거나 감정을 표현하는 방식 등이 직설적이라 감정 기복이 심할 수도 있다. 하지만 어쩌면 우리가 상대의 감정을 읽는 데 무뎌서 상대방이 기분 나쁘게 느낀 순간을 알아차리지 못했을 수도 있다.

감정 기복이 심한 사람이 주위에 있다면 그 사람이 특정 감정을 드러내기 전후의 상황을 관찰하는 것이 도움이 된다. 상대방의 감정 기복 때문에 내가 힘든 경우는 상대방이 긍정 감정에서 부정 감정으로 순식간에 돌아설 때다. 분명히 짧은 순간이라 해도 관찰해보면 신호들을 잡아낼 수 있는 경우가 많다. '후우' 하는 한숨 소리, 결재판이나 책을 다소 과격하게 내려놓는 행동, 눈썹이 가운데로 몰리고 턱이 긴장되는 표정, 방어적으로 팔짱을 끼거나 시선을 피하는 자세 같은 신호들을 살펴보자. 그 감정이 발생하기 시작하는 시점을 알면 그 이유를 찾고 대응하는 과정이 더 쉬워진다.

싫은 데엔 다
이유가 있더라고요
: '그냥'의 함정

혹시 그런 경우가 있었는지 모르겠다. 딱히 나에게 듣기 싫은 말을 했다거나 눈에 거슬리는 행동을 한 것도 아닌데 이유 없이 싫은 경우 말이다. 지하철을 타고 가다가 우연히 돌아본 옆 사람을 보고 비호감이라고 생각한 적이 있는가? 다른 팀이라 업무적으로 부딪힌 적도 없고 같이 시간을 보내지도 않았는데, 볼 때마다 "별로"라고 생각되는 사람이 있는가? 잘 생각해 보자. 아닌 것 같아도 사실 그런 경험이 한 번씩은 있다.

제가 겉으론 웃고 있지만요

이상하게 마음이 가지 않고 정이 붙지 않는 상대방을 만나 부정적인 감정을 느끼고 나면, '내가 왜 이러지? 이유 없이 사람을 싫어하면 안 되는데' 하며 스스로를 자책하기도 한다. 상대방을 긍정적으로 봐줘야 하는데, 부정적인 느낌부터 가지면서 판단하는 내 자신이 못마땅하다. 내가 상대방에 대해 이유 없이 싫어하는 것도 문제지만, 특히 어려운 건 상사가 나를 이유 없이 싫어하는 것 같은 느낌을 받을 때다. 게다가 이유를 도통 모르는 경우에는 어떻게 하면 관계를 긍정적으로 만들 수 있는지 그 대응책도 답도 막막하다. 답답하기 그지없다.

박 전무님이 우리 부서에 오신 지는 이제 6개월이 지났다. 다른 부서에 계실 때 몇 번 뵙기는 했지만, 업무를 함께 진행하거나 직접적으로 대화를 나눈 적은 없었다. 그러다가 우리 부서에 오시면서, 업무 보고를 직접 드리는 경우가 종종 생겼다. 내가 PMProject Manager이다 보니, 진행되는 프로젝트 상황을 말씀드리거나 팀장이 부재중일 때는 주간회의에 대신 들어가는 일이 생겼다. 그러면서 최근 들어 박 전무님과 자주 접하게 된 것이다.
그런데 요즘 들어 박 전무님이 나를 보는 눈빛이 곱지 않다는 느낌을 갖는다. 회의 시간에 내가 보고를 하고 있는데도, 나를 쳐다보지 않고 슬라이드 화면만 응시하거나 다른 직원들을 바라보고 있다. 보고서 건만 해도 그렇다. 특별히 문제될 만한 부분이 없는데도, 내가 올리면 바로 통과가 되지 않는 것 같다. 반면 내가 아닌 다른 직원이 비슷한 보고서를 올리면, 군말 없이 통과되는 경우가 많다. 혹시 나의 일방적인 오해인가 싶어서 여러 번 관찰해보았지만, 결국 내린 결론은 박 전무님은 나를 싫어하신다는 것이다.

도대체 나를 왜 싫어하시는 걸까? 아침에 회사에 출근해서 저녁에 퇴근할 때까지, 또 퇴근 후에도 계속 이 생각이 떠나지 않는다. 나름 이유가 될 만한 것을 찾아봤지만, 딱히 내가 업무상 큰 실수를 한 적도 없었고 예의 없는 태도를 보인 것도 아니다. 내가 모셨던 이전 상사들을 돌이켜 생각해봤을 때 예전 상사들은 나를 예뻐한 경우가 더 많았다. 거듭 생각해본 결과, 결국 박 전무님은 '그냥' 나를 싫어한다는 결론만 나온다. 회사생활이 먹구름 낀 것처럼 갑갑하기만 하다.

안 보이니까 없는 줄 알았지

누군가가 나를 뚜렷한 이유 없이 싫어한다는 생각이 들면, 마음이 불편해진다. 게다가 그 상대방이 상사라면 그것만큼 힘든 것도 없다. 상사는 내 연봉과 승진 여부를 결정하고 나아가 삶의 행복도에까지 영향을 미칠 수 있는 매우 중요한 인물이기 때문이다.

이런 사례들은 직장에서 자주 접하게 되는 문제들 중 하나다. 이 문제와 관련해 10여 년간의 임원과 리더들을 코칭하면서 얻은 중요한 결론이 있다. 대부분의 직장인들은 이렇게 말하곤 한다. "팀장님은 그냥 내가 싫으신 것 같애." 본인이 선호하는 성격의 직원이 아니라서, 또는 팀장님이 나를 보자마자 비호감으로 느껴서 나를 싫어하시는 걸까? 물론 그런 경우도 있을 수는 있다. 하지만 결과적으로는 대개 이유가 있어서 그런 태도를 보인 것이었다. 이유 없이 싫어한다는 직원의 고민과는 달리, 각자에게는 저마다의 이유가 존재했다. 꼼꼼한 성향의 리더에게 덤벙대며 실수를 지속적으로 저지르는 경우, 요점만 간단히 나누기를 바라는 리더에게 장황하게 보고를 하는 경우, 밑에 있는 후배들로부터 해당 직원의 책임감이나 리더십 등에 대해 부정적인 의견을 들은 경우 등등 이유는 다양했다.

이렇게 여러 계기들이 있었음에도 왜 막상 스스로는 이유 없이 싫어한다는 생각을 하고 있는 걸까? 그건 온전히 소통의 기회가 부족했기 때문이다. 어느 정도 솔직하게 대화할 수 있는 자리가 있었다면, 적어도 원인 모를 답답함으로 밤잠을 설치는 일은 없었을 것이다. 그렇다면 누가 먼저 다가가서 이 문제의 실마리를 풀기 위해 노력해야 할까?

당연히 목마른 사람이 우물을 파야 한다. 상사에게 이런 느낌을 받았다면, 그때부터 나도 모르게 상사와 거리를 둔다. 가능하면 복도에서 마주치지 않으려고 피해다닐 테고, 보고하는 상황에서도 위축되어 말을 잘 못하게 된다. 회식을 가도 상사와 멀리 떨어진 자리에 앉고, 보고서를 들고 들어갈 때마다 상사의 눈을 피하며 자신없는 모습을 보일 것이다. 이런 상황이 반복되고 방치되면, 상사와의 관계는 회복할 수 없는 지경에 이를 수 있다. 더 악화되기 전에 상사에게 나의 고민에 대해 이야기하고, 문제가 있다면 어떻게 개선하면 좋을지에 대해 상담하는 시간이 반드시 필요하다.

막상 면담을 신청하라고 하면 직원들은 다시 또 다른 고민에 휩싸인다. 괜히 긁어 부스럼 만드는 게 아닐까 하는 생각에 걱정이 앞선다. 하지만 면담의 목적은 무턱대고 "저를 싫어하시는 것 같은데, 왜 제게 그러시는 거죠?"라고 물어보는 것은 아니다.

우선 상사에게 면담요청을 한다. 상사가 나를 마음에 안 들어 한다는 생각이 들면, 스스로 그렇게 생각한 분명한 이유가 있을 것이다. 상사와의 관계에 이상이 있다는 느낌을 받았을 때 그대로 넘어가서는 안 된다. 관계는 적절한 시기에 조치를 취하지 않고 묵히면 밑둥까지 썩는다. 회사는 동아리나 친목 단체가 아니다. 자신이 좋아하는 취향의 사람들만 데리고 일할 수 없다는 걸 상사도 지금까지의 회사생활 경험으로 누구보다 잘 안다. 그렇게 해서 성과가 나지 않는다는 것도 안다. 다양한 성향, 배경, 업무스타일이 어우러질 수밖에 없다는 걸 이미 알고 있다. 그러니 상사와의 관계를 개선하기 위해 그리고 본인의 업무스타일을 좀 더 가다듬고 일을 잘하기 위해 상사의 생각을 분명히 아는 것이 면담의 목적이 되어야 한다.

면담에 들어가면 일단 다짜고짜 본론부터 들어가려 하지 말자. 상사 입장에서는 왜 이 사람이 면담을 신청했는지 내심 궁금하기도 하다. "제가 싫으세요?" 식의 단도직입적인 질문보다는 "일을 더 잘 하고 싶다, 상사가 개선점을 말씀해주시면 노력하겠다"가 훨씬 낫다. 이렇게 말하면 나에 대한 불만이나 다소 못마땅했던 점들을 상사가 자연스럽게 이야기하게 된다.

노력하는 사람을 싫어하는 사람은 없다

그런데 이렇게 면담을 가졌는데도 상사가 나를 싫어한다는 느낌에 대해 뚜렷하게 이유가 밝혀지지 않는다면, 그건 내 자격지심 때문일 수도 있다. 최근 내가 맡은 업무가 순조롭게 진행이 되지 않았거나 보고서 때문에 계속 부정적인 피드백을 들으면서, 상사의 마음을 혼자서 지레짐작했을 수 있다. 상사는 별 생각없이 슬라이드 화면에 집중하고 있었을 뿐인데, 내 입장에서는 내 눈을 쳐다보지 않았다고 서운해한다. 꼼꼼한 스타일인 상사 입장에서는 오탈자가 많은 보고서를 가지고 왔길래 통과시키지 않은 건데, 본인은 그걸 자꾸 다른 데로 원인을 돌렸을지도 모른다. 어찌 되었든 상사와의 면담은 의외로 많은 부분을 해소해줄 수 있다. 상사 입장에서는 더 잘해보고 싶어서 면담을 요청하는 직원이 미울 수가 없다. 현재 가지고 있는 문제와 개선점에 대해 조언을 구하는 직원은 업무와 조직에 대해 열정이 있는 사람이다. 완벽하게 마음에 드는 직원이 아니더라도, 당연히 도와주고 싶은 마음이 생긴다. 부모가 되면 부모 마음을 알 듯이, 상사가 되어보면 그 심정을 이해하게 된다.

애매모호한 관계처럼 사람 피를 말리는 것도 없다. 일단 부딪혀보자. 지금까지 이런 문제로 상사와 대화한 후에, 오히려 상황이 더 안 좋아졌다는 사람을 본 기억은 거의 없다. 면담 후 상사와의 관계가 변한 게 없다 하더라도, 왜 그런지에 대한 대강의 상황 파악은 할 수 있으니 최소한 속은 시원하다.

부러우면 지는 거고
품으면 이기는 거야
: 질투의 과잉

입사 동기가 한 명 있다고 상상해보자. 친하다면 친한 사이 인데, 유독 내가 어떤 의견을 낼 때마다 자꾸 토를 단다. 별일 아닌 사소한 일에도 문제를 제기한다. 정확히 꼬집어 말할 순 없지만 나를 무시하는 듯한 느낌이 든다. 동료들에겐 그렇게 잘하는 스타일이 아니면서, 상사에게는 곰살맞기 그지없다. 아부하는 기술도 장난이 아니다. 그렇다고 대놓고 뭐라고 하기도 어렵다. 인간적으로 정말 싫은 것까진 아니지만 가끔씩 얄미운 행동을 하는 동기가 혹시 당신에게도 있는가?

입사 동기는 회사 내에서 나름 특별한 존재다. 같은 시기에 직장생활을 시작한 또래, 비슷한 어려움들을 겪으며 조직에서 함께 성장해가는 동지, 상사에 대한 불만도 은밀하게 나눌 수 있는 친구. 그래서 직장 동기는 편하고 스스럼없는 사람이다. 하지만 그렇다고 해서 어린 시절부터 함께 해온 친구 같은 존재가 되지는 않는다. 직장 동기들 간에는 미묘한 이해관계가 걸려 있다. 조직 내에서 누가 더 유리한 위치를 차지할 것인지를 두고 보이지 않는 경쟁을 해야 하는 경우도 있기 때문이다. 직장 동기는 없으면 허전하고, 있으면 부모의 사랑을 두고 싸우는 연년생 형제자매 같다. 그러다 보니 직장 동기 사이에서 질투의 감정이 자주 발생하곤 한다.

질투는 일종의 부러움으로 보면 된다. 질투의 정의를 자세히 들여다보면 누군가의 사랑을 차지하는 것과 연관되어 있다. 정신분석 용어사전에는 질투가 의심과도 연결되는 감정이라고 규정되어 있다. 즉 질투에는 내가 사랑하는 사람이 다른 사람을 더 좋아한다는 의심이 포함된다. 누군가가 나 아닌 다른 사람을 편애하거나 더 신뢰하는 모습을 봤을 때 질투의 감정이 발생한다.

질투의 원인이나 동기는 크게 2가지로 나뉜다. 성적成績 동기를 가진 애정에 대한 질투와 사회적 친밀 관계와 관련된 질투다. 이중에 사회적 친밀 관계로 인해 발생하는 질투가 조직 상황에 들어맞는다. 회사에서는 대부분 경영진의 관심이나 상사의 신임이 주요 관심 주제다. 팀장이 같은 팀에 있는 내 동기를 나보다 더 예뻐하는 것 같다는 생각이 들면 괴로운 감정이 드는 것이 사회적 친밀 관계로 인한 질투다. 딱히 동기가 밉고 싫어서가 아니라 같은 또래에게서 자주 느끼는 감정이다.

이런 사회적 상황 때문에 내가 윗사람의 마음에 드는 의견을 내면 동기는 조바심을 낸다. 자신보다 더 인정받게 될까 봐 마음이 두근거린다. 자신보다 월등해서 회사나 상사의 관심을 독차지하고, 자신을 제치고 먼저 승진할까 봐 불안하다. 여러 가지 매력적인 아이디어를 발표하고 있는 당신을 보는 동기의 시선이 복잡 미묘한 것은 당신이 미워서가 아니라 조직생활의 특성 때문이다.

여유는 싸우지 않고도 질투를 이긴다

매일의 직장생활에서 때로는 마음을 나누는 친구지만 때로는 경쟁자로 나를 견제하는 동기와 감정을 나누며 큰 갈등 없이 일할 수는 없을까? 가끔씩 예민하게 구는 동기와 지혜롭게 관계를 유지하는 방법은 없을까? 물론 각자 처한 상황에 따라 대처 방식은 조금씩 달라질 수 있지만, 큰 갈등 없이 관계를 풀어가는 감정 전략은 있다.

감정 전략을 이야기하기 전에 우선 '손바닥도 마주쳐야 소리가 난다'는 속담을 실제로 실험해보자. 잠시 읽던 책은 내려놓고, 한쪽 손바닥은 힘을 뺀 채로 놔두고 다른 쪽 손바닥은 빳빳하게 펴져 있는 힘껏 힘 뺀 손바닥을 쳐보자. 이젠 양쪽 손바닥을 모두 빳빳하게 힘을 주고 어깨 넓이로 벌렸다가 마주쳐서 소리를 내보자. 어느 쪽 소리가 더 크게 나는가? 당연히 양 손바닥에 힘을 주고 마주쳤을 때의 소리가 더 우렁차고 울림이 크다. 이는 자동차 실험에서도 비슷한 결과가 나온다. 자동차 한 대는 정지되어 있고 다른 자동차가 달려와 부딪힐 때와, 두 차가 반대편에서 서로 달려와 부딪힐 때의 충격은 엄청난 차이가 난다.

감정도 마찬가지다. 서로의 감정적 에너지 수준이 엇비슷하고 강도가 높을 때 감정은 더욱 거세진다. 이런 감정의 특성을 이해한다면, 가끔씩 신경이 예민해져서 내게 자꾸 문제를 제기하고 시비를 걸어오는 직장 동기를 어떻게 대해야 하는지 결론을 낼 수 있다.

제가 겉으로 웃고 있지만요

질투의 감정을 느끼며 불필요하게 사소한 싸움을 걸고 싶어 하는 상대를 대할 때 필요한 것이 바로 '여유로움'이다. 여유로움을 가지면 상대가 공격적인 에너지를 가지고 덤벼올 때 상대의 힘을 약화시킬 수 있다. 상대의 김을 빠지게 하는 일종의 힘 빼기 작전이다.

"김 대리가 낸 의견에는 시간상의 제약이 있어. 왜 그런 점을 생각 안 해?"라고 상사 앞에서 의도적으로 민망함을 주려는 동기에게 어떻게 답변을 해주면 좋을까? "누군 생각 못했는 줄 알아? 이미 다 생각해봤다고. 그 얘기를 왜 지금 꺼내는데"라고 답하면 어떨까? 이미 눈치챘겠지만 이 대답은 적절치 않다. 이 대답에는 '너 지금 나 공개적으로 공격하는 거냐? 한번 해보자는 거야?'라는 감정적 흥분이 고스란히 담겨 있다. 이 대답을 들은 동기 역시 감정의 에너지를 더욱 높여 공격해올 것이다. "생각해봤다면서 계속 밀어붙이는 이유가 뭔데? 타당성이 없잖아!" 이제부터 이성적인 토론이 아니라 본격적인 감정 싸움이 시작된다.

상사와 다른 팀원들이 보는 앞에서 본격적인 싸움을 벌이는 것은 용기 있는 행동일까? 동기의 공격을 맞받아치며 감정적으로 강하게 대응을 하는 건 어떨까? 어떨지 궁금하다면, 이 상황을 지켜보고 있는 상사는 어떤 생각을 할지 추측해봐야 한다. 당신이 상사라면, 상사와 다른 팀원들이 모두 보는 앞에서 동기끼리 티격태격하는 것이 어떻게 보일까? 누가 잘못을 했는지를 떠나서, 두 사람 모두에게 일단 실망스러울 수 있다. 속 좁은 두 인간이 싸우는 것처럼 비춰진다. 그래서 이런 종류의 감정 싸움은 피하는 게 상책이다. 결코 내 이미지에 도움이 되지 않는다.

이럴 때 현명한 행동과 대응방식이 있다. 흥분해서 맞불 작전으로 나가는 대신 여유로움을 가지고 이렇게 대답해보자. "김 대리가 낸 의견에는 시간 제약이 있어. 왜 그런 점을 생각 안 해?"라고 동기가 문제를 제기했다면, "그러게 말이야. 좋은 점을 지적해줬네. 혹시 시간 제약을 뛰어넘을 수 있는 아이디어가 있을까? 그 점이 보완되면 진행이 수월하겠는데"라고 답해보자. 이렇게 답하고 나면 공은 상대에게로 넘어간다. 이제 동기는 자신이 제기한 문제의 해결방법을 스스로 제시해야 하는 입장이 된다. 또는 "정확하네, 최 대리. 사실 나도 이 부분에 대해 고민하던 참이었거든. 함께 고민하면 좋은 아이디어가 나올 것 같은데, 내일 오전 10시 잠깐 회의 어때?"도 좋은 대답이다. 당신이 말하기 전에 이미 나도 해당 문제점에 대해 알고 있었고, 그 부분에 대해 함께 협업하자는 메시지를 전달한 것이다. 상사 앞에서 동기의 공격이라는 위기상황을 잘 모면했을 뿐만 아니라, 협업으로 이끌었다는 긍정적인 이미지를 주변 사람들에게 심어줄 수 있다.

제가 겉으론 웃고 있지만요

이렇게 대응하면 어떤 결과가 내게 돌아올까? 사실 그 자리에 함께 있던 팀원들은 동기의 질투 섞인 공격에 당신이 어떤 반응을 보일지 촉각을 곤두세우며 기다리고 있다. 둘 사이에 본격적인 감정 싸움이 벌어질 것인지 흥미진진하게 지켜본다. 이때 당신이 동기의 의견에 감사를 표하거나 포용력을 가지고 상대의 의견을 존중하면 관찰자들의 호감은 대번에 당신에게 기울어진다. "역시 마음이 넓네", "저 사람은 그릇이 커", "포용력이 있어" 등으로 인식시킬 수 있다. 만인이 보는 앞에서 감정적으로 나를 공격한 동기는 소인배가 되고 당신은 대인배가 된다. 사람마다 감정적으로 민감할 수 있기 때문에, 처한 상황을 예민하게 파악하고 판단해야 한다.

상대를 품는 사람이 진정한 승자

물론 이렇게 상대의 공격적인 상황에서 유연하게 받아치는 건 생각보다 쉽지 않은 일이다. 감정이 부글부글 끓어오르는데 초연할 수 있는 사람은 그리 많지 않다. 그러나 질투에 눈먼 상대를 대할 때는 '내게 무엇이 더 이로울지' 생각해보자.

독일의 철학자 쇼펜하우어 Schopenhauer는 상대방과의 싸움에서 이길 수 있는 방법으로 "상대를 화나게 만들라"고 말했다.

흥분하면 무엇이 자신에게 유리한지 알지 못하고 결국 스스로 무덤을 판다는 의미다. 맞는 이야기다. 당신이 상대의 공격에 흥분한다면, 이성을 잃고 그 싸움에 말려들고 만다. 이건 상대가 원하는 대로 움직여주는 것이다.

지금 이 순간 분하고 속상한 것에 얽매이지 말자. 속상한 마음에 해서는 안 될 말, 상대방에 대한 강한 공격적인 말을 하고 나면 남는 것은 후회뿐이다. '최후에 웃는 자가 최후의 승자'라는 말이 있다. 장기적으로 봤을 때 조직은 상대방을 공격하는 사람이 아닌 상대방을 너그럽게 포용하고 협업하는 사람을 리더로 키운다는 것을 기억하자.

마지막으로 혼자 곰곰이 짚어볼 사항 한 가지가 있다. 만약 이런 의견을 제시한 사람이 평소 경쟁관계에 있던 동기가 아닌 다른 팀원이었다면 어땠을까? 어쩌면 좀 더 긍정적이고 순수하게 의견을 받아들였을지 모른다. 문제점을 펼쳐놓고 도란도란 토론하며 해결 방식을 찾아갈 마음이 더 빨리 생겼을 수 있다. 하지만 평소 당신을 견제해오던 동기가 문제를 제기하니, 더 예민하게 반응했었을지 모른다. 왜 동기가 그런 질문을 다른 사람들 앞에서 했는지, 그 질문의 의도가 순수한 것인지 아니면 질투의 감정이 섞인 것인지 등을 스스로 객관적으로 정리할 필요가 있다.

지나치게 의지해서
자꾸만 지친다면
: 의존적인 동료

양 선임은 마음이 여린 사람이다. 경력직으로 입사해 내 옆 부서에서 근무한 지 이제 막 1년이 넘었다. 하지만 여전히 적응이 어려운지 옆에 있으면 무척 힘에 겨워 보인다. 그런 양 선임에게 유일한 낙은 바로 나와의 대화시간이다. 팀장님에게 혼이 났거나, 업무 처리로 꾸중을 들은 날에는 어김없이 내게 달려온다. "박 선임, 나랑 잠깐 커피 한잔 할래요?" 내가 지금 하는 업무 때문에 시간 내기가 어려울 것 같다고 말하면, 양 선임은 이내 눈빛이 흔들린다. "정말 잠깐이면 되는데요. 제가 마음이 너무 힘들어서…" 눈물까지 글썽이며 말하는 양 선임의 요청을 거절하지 못하고, 나는 결국 자리에서 일어선다. "그럼 5분만 이야기해요~" 하지만 그 5분이 30분이 될 거라는 걸 나는 알고 있다. 양 선임의 하소연을 들어주다 보면, 말을 중간에 매정하게 끊고 자리로 돌아오기가 힘들다. 팀장님이 곧 보고서 완성본을 찾으실 텐데, 양 선임의 말은 벌써 35분째 계속되고, 내 입만 바짝바짝 마른다.

동료를 잘 다독이는 것도 직장생활의 한 부분이겠거니 지내왔는데, 이게 정말 맞는건가 회의가 든 순간이 오고야 말았다. 바로 휴일이었던 어제의 일이다. 모처럼 오랜만에 동네 친구들을 만나 야외로 놀러나갔다. 친구 차 한 대에 몰려 타서 신나게 음악을 들으면서 가는데 갑자기 전화진동이 울렸다. 확인하니 양 선임이었다. 보나마나 회사에서 있었던 일들에 대해 하소연을 할 테고, 지금은 전화를 받기 싫었다. 계속 울리는 전화를 받지 않고 내버려두었다. 한두 번 오다가 그만하겠거니 생각했었는데, 쉴새없이 전화 진동이 왔다. 옆에서 보다못한 친구가 "야, 웬만하면 전화 좀 받아 줘라!"라며 떠민다. 할 수 없이 전화를 받으니 양 주임은 잠

제가 겉으론 웃고 있지만요

깐만 통화가 가능하냐고 묻는다. 지금 친구들이랑 이동 중이라 길게는 어렵다고 하자, 알겠다고 하더니 예상대로 지난주에 겪었던 자잘한 하소연들을 풀어놓는다. "아, 선임님. 힘드셨겠네요. 저런, 그래서 마음이 상하셨네요." 양 선임의 말에 위로해주며 맞장구를 쳤다.

우리의 통화 때문에 음악소리를 죽여놓고 쥐죽은 듯이 차를 타고 가던 친구들이 서서히 눈치를 주기 시작한다. "야, 회사 사람이 공휴일에도 전화해? 급한 일이야? 이제 끊어라." 양 선임에게 이동 중이라고 신호를 줬지만, 역시나 오늘도 양 선임은 자기 힘든 일에만 꽂혀서 내 상황은 들리지가 않나 보다. "저, 양 선임님. 저 그만 전화 끊어야 할 것 같아요." 그러자 양 선임은 다급하게 물었다. "예, 알겠어요, 김 선임님. 그럼 혹시 저녁에 통화하실 수 있으세요?" 그 말에 나도 모르게 짜증이 훅 치밀어올랐다. 아무리 한솥밥 먹는 직장동료라고 해도 휴일에 까지 전화해서 이러는 건 아니지 않나. 양 선임이 나를 가장 가까운 사람으로 생각하고 의지한다는 점 때문에 기분이 좋았지만, 이제는 지나치게 기대어 오는 양 선임을 피하고 싶은 마음이 든다.

누군가가 내게 의지해온다는 건 특별한 일이다. 누군가가 나를 의지한다는 건, 그만큼 내가 믿을 만한 사람이라는 뜻이기도 하다. 일단 이런 상황이 되면 기분은 나쁘지 않다. 이 사람을 도와줘야겠다는 일종의 책임감도 생긴다. 하지만 문제는, 상대방의 감정적 의지가 점점 심해져서 그것이 내게 스트레스가 되는 경우다.

직장생활이 만만치 않다 보니, 힘든 일을 겪으면 선배나 동료, 후배에게도 기대고 의지하려 하는 사람들이 있다. 물론 같은 회사에 다니면서 서로 보듬어주고 격려하면 좋은 일이다. 그런데 이게 도를 넘어서면 누군가에게는 큰 부담감으로 느껴지게 된다. 본인도 해야 할 업무가 있고 위아래로 신경 쓸 사람들이 많은데, 나에게 과하게 감정을 의존하는 누군가가 있다면 스스로의 감정 또한 과도하게 소진된다. 나를 믿고 의지하는 동료를 매몰차게 모른 척할 수가 없고, 그렇다고 매번 도와주고 다독이자니 이제는 내 감정이 문제가 된다.

감정의 용량은 정해져 있다

일반적으로 사람들이 마음과 감정에 대해 착각하는 것이 하나 있다. 마음을 너그럽게 가지고 마음을 넓게 쓰는 것이 본인에게도 항상 좋다고 생각한다는 것이다. 힘든 사람이 있으면 곁에서 힘든 상황을 끝까지 들어주며 위로해주고 격려해주는 사람이 좋은 사람이며, 이렇게 덕을 베푸는 것이 본인에게도 득이 된다고 생각한다. 당연히 이 말은 맞다. 이렇게 할 수만 있다면 그 사람은 좋은 사람을 뛰어넘어 인격적으로 참 훌륭한 사람이다. 그러나 대부분의 사람들이 이렇게 하고 싶어도 하지 못하는 이유가 있다. 그건 사람들이 이기적이고 마음이 좁아서가 결코 아니다. 사람이 포용할 수 있는 감정의 용량이 정해져 있기 때문이다.

타인의 감정을 받아들여주는 감정의 포용력은 공기를 불어 넣어 늘리면 늘려지는 풍선 같은 게 아니다. 사람에게는 누구나 마음속에 감정그릇이 들어 있다. 그릇이라는 것은 무언가를 담는 데 사용하는 용기이므로, 당연히 용량이 정해져 있다. 아무리 감정그릇이 큰 사람이라 하더라도 한계는 있고, 한계치를 넘으면 담은 내용물이 밖으로 넘쳐흐르게 된다. 당연히 주변은 지저분해지고 그릇 역시 제 역할을 하지 못하게 된다.

누군가가 나에게 끊임없이 하소연하고 도움을 청하며 위로해주기를 바란다면, 이를 받아주는 나 역시 지치는 순간이 온다. 감정그릇에 상대방의 감정들이 그득히 차고 나면, 내가 느끼는 감정들은 담을 공간이 없어진다. 어느 순간 감정의 균형이 깨지며 상대방에게 욱해서 짜증을 내거나, 내 스스로를 감당하지 못해서 무너질 확률이 높다.

일단 나부터 아프지 말자

동료가 지나치게 내게 감정적으로 의지한다면, 딱 한 가지를 조언하고 싶다. 둘 사이에 적정선을 그어야 한다. 지나친 의지와 의존은 집착과 같다. 저 사람에게 말하면 나를 무조건 위로해주고 보듬어줄 거라는 의존심은 점점 더 강도가 높아지게 되어 있다. 결국 의존은 집착이 되고 관계는 깨질 일만 남는다. 받아주는 데에도 한계가 있기 때문이다. 요즘은 끝없이 받아주는 관계가 부모와 자식 간에도 성립하지 않는다. 하물며 피를 나눈 가족끼리도 감정적 집착은 좋지 않은데, 동료는 더더군다나 적절하지 않다.

만약 당신 주변에 이런 동료나 후배 등이 있다면 오늘부터는 마음을 단호하게 먹어야 한다. 처음부터 감정적 의존도를 확 낮춰버리는 것은 상대방에게 너무 잔인한 상황이 될 수 있다. 그러니 단계를 두면서 천천히 선을 긋고 거리를 만들어가야 한다. 우선 "5분만 나랑 이야기해요"라고 하면, 진짜 5분만 이야기하고 시계를 보며 말을 끊어야 한다. "아! 미안하지만 지금 바로 보고서 파일을 넘겨야 해서, 나중에 이야기해요"라며 자리를 뜨자. 황당해하는 동료의 얼굴을 보는 건 마음 아프지만 이렇게 하지 않으면 상대방과 나 양쪽 모두가 힘들어진다.

만약 동료가 "이따 점심에 시간 돼요? 나랑 밥 같이 먹어요,

네?"라고 물으면, 내 마음이 내킬 때 응하자. 뭐든 억지로 하면 상대방에게도 진짜 위로가 되지 못하고 난 그 자리에 불려나가서 짜증의 강도만 높아진다. 차라리 안 가느니만 못할 수도 있다. 식사 자리에 가서도 자리 마감시간은 정해야 한다. "제가 오늘은 12시 50분까지는 들어가야 해요." 그리고 시간이 되면 양해는 부드럽게 구하되 칼같이 일어나는 게 좋다.

사람은 습관이 무섭다. 이렇게 몇 번 반복하면, 상대방도 이런 패턴에 익숙해진다. 만약 그렇지 않고 당신에게 서운해한다 해도 할 수 없다. 누군가에게 한없이 끌려다니며 마음고생을 하는 것보다는 이 편이 더 낫다.

칭찬도 관심도
주려면 제대로
: 아이스 브레이킹

나는 사람들과 어울리는 걸 좋아한다. 가능하면 동료나 후
배직원들과도 친하게 지내고 싶다. 근데 바로 어제, 실수를
한 것 같다. 요즘 업무가 몰려 야근을 하려던 참이었다. 그
때 입사한 지 얼마 안되는 신입직원이 같이 야근하겠다며
나섰다. "제가 아직 아는 것이 많지 않아 큰 도움은 안 되겠
지만, 저도 돕겠습니다." 자신도 저녁에 일찍 퇴근해서 쉬고
싶을 테고 친구들도 만나 놀고 싶을 텐데, 선배를 돕겠다고

제가 겉으론 웃고 있지만요

나서니 그렇게 예뻐 보일 수가 없었다.

나름 마음을 표현해야겠다 싶어서 "고마워요, 정인 씨. 정인 씨는 외모도 멋지지, 능력 좋지, 게다가 인격까지 세 박자를 다 갖췄네! 완벽하다, 완벽해!"라고 칭찬했다. 주변 사람들에게도 충분히 들릴 만한 목소리로 말해서, 이 정도면 신입의 사기를 높여줬으리라 생각했다.

그런데 우연히 쳐다본 신입의 얼굴 표정이 뭔가 뜨악했다. '어? 내가 뭘 잘못 말한 게 있나?' 그날 밤 퇴근 후 곰곰이 생각해보니, 내가 후배들을 칭찬하거나 호의를 표현할 때마다 이상하게 후배들이 불편해했던 것 같다. 혹시 내 표현 방식이 부담스럽거나 문제가 있는 게 아닌가 싶어 염려스럽다.

직장 동료들 중에도 정이 좀 더 가는 사람이 있다. 유난히 눈에 밟히는 예쁜 후배도 있고, 챙겨주고 싶은 직원도 있다. 그런데 문제는 상대방이 내가 보이는 호감을 부담스럽게 받아들이거나 귀찮아하는 경우다. 이는 마음을 전달하는 쪽에서 호감을 제대로 표현하지 못하면 더더욱 그렇다. 무엇이든 지나치거나 왜곡되어 전달되면 독이 된다. 우리가 호감을 잘 전달하는 방법을 배워야 하는 이유다.

칭찬도 적절해야 춤추고 싶다

얼마 전 학교 후배와 통화할 일이 있었다. 직장생활이 재밌는지 물었는데 시큰둥했다. 그러면서 이렇게 말했다. "요즘 후배들은 저녁에 술 한잔 사겠다고 해도 싫어해요. 점심을 사겠다고 해도 그냥 편한 사람들끼리 모여 각자 돈 내고 편하게 먹는 걸 더 선호하고요. 이해는 되는데 서운한 거 있죠!" 그는 사람들이 부담을 느끼지 않게 다가가서 친해지는 방법을 고민하고 있다고 했다.

직급, 나이, 성별, 성격 때문에 부담이 되는 건 어떻게 할 수가 없다. 이미 정해져 있는 사항들이라, 누군가가 바꾸고 싶다고 해서 바꿀 수 있는 요인은 아니다. 특히 직장에서는 사원이 대리를 부담스러워하고, 대리가 과장을 부담스러워할 수밖에 없다. 조직의 생리 때문이다.

그런데 이런 부분 말고도 인간관계에서 상대가 나의 호의에 부담스러워한다는 것은, 무언가 감정적인 짐을 많이 지어주었다는 의미다. 마음을 표현하고 감정을 드러낼 때도 적절한 수준을 지켜야 한다. 설사 그것이 긍정적인 감정일지라도 말이다. 상대방에게 관심을 표현하고 동기도 부여해주며 칭찬도 곁들이고 싶다면, 우선 내가 하고 싶은 방식을 밀어붙이거나 마음이 가는 대로 하기보다는 상대방이 좋아하는 방식대로 해주

제가 겉으론 웃고 있지만요

는 것이 맞다.

만약 팀장이 대리에게 "역시 당신은 이 분야에서 최고야! 완벽하게 해낼 줄 알았어!"라고 말해준다면 어떤 기분이 들까? 부하직원이 아직 철이 없다면 상사의 말에 쉽게 우쭐해져서 자만할 수도 있고, 더 이상 배우고 시도하려는 노력을 하지 않을지도 모른다. 하지만 대부분의 직원들은 부담스러워한다. 앞으로도 다양한 경험을 통해 일을 배워나가야 할 입장인데 최고라는 찬사는 너무 무겁고 과하게 느껴진다. 과한 칭찬과 인정은 약이 아니라 크나큰 부담이 된다. 게다가 사람들은 자신에게 무엇이 부족한지, 무엇을 보강해야 하는지 대부분 알고 있다. 칭찬을 들었으니 기분이 좋기는 한데 감정적으로 무거워진다. 어쩌면 칭찬한 사람이 한 말의 진의까지 의심하고 신경 쓰게 될 수도 있다.

소박한 칭찬이 부담도 적다

그렇다면 어떻게 해야 부담 없이 진정성 있게 마음을 전달할 수 있을까? 가장 좋은 방법은 상대의 인격, 성격 자체에 대해 언급하기보다 구체적인 사실에 근거해서 호감을 전달하는 것이다. 이번에 낸 제안서에서 오자가 발견되지 않은 점, 서론

부분에 최근 사례를 포함시켜 자연스럽게 본론으로 유도한 점, 진상 거래처에 적절하게 대응한 점, 아침마다 밝게 인사하는 점 등 하나하나의 행동에 초점을 맞추면 듣는 쪽에서도 부담이 없다. 한두 단어로 요약해서 "멋졌어!", "역시 김 대리야!"라고 뜬금없이 말하는 건 아무런 도움이 되지 않는다.

과거에는 상대를 칭찬할 때 '최고', '최상', '탁월' 등의 단어들을 사용하면 좋아할 거라고 생각하는 사람들이 많았다. 하지만 최근에는 지나친 칭찬은 거짓말이거나 부자연스럽다고 여기는 사람이 더 많다. 작은 행동들을 구체적으로 칭찬해주는 것이, 칭찬을 하는 사람도 과함이 없고 받는 사람도 더 와닿는다.

이렇게 구체적으로 상대방을 인정해주면 덤으로 오는 이득도 있다. 상대방은 당신에게 칭찬받고 마음을 얻기 위해 어떤 행동을 자주해야 하는지를 깨닫게 된다. 앞으로도 제안서에서 오자가 발견되지 않도록 노력할 것이며 인사도 더 열심히 할 것이다. 긍정적인 행동이 강화되면 당신도 그에게 더 호감을 많이 가지게 될 것이고, 서로 더 돈독한 관계를 형성하고 유지할 수 있다.

쓴소리는
가급적 듣기 좋게
: 의기소침

'부담스럽다. 이젠 심장까지 두근거린다. 내가 지적을 하면 대번 풀이 죽을 게 분명한데… 그렇다고 부정적인 피드백을 안 줄 수도 없고! 도대체 말을 해야 하나 말아야 하나…' 불과 10년 전만 하더라도 직장 선배, 사수의 말은 하늘이었다. "오늘 회식하자"라는 말이 떨어지면, 미리 잡아두었던 애인과의 약속, 가족모임 다 취소하고 당연히 회식 장소로 이동했다.

"내일 아침까지 이거 해봐." 오후 6시 퇴근 무렵, 불합리한 업무 지시를 내려도 후배는 다음날 아침 대략이라도 형태를 갖춘 보고서를 책상 앞에 가져다두었다. 엘리베이터 앞에서 기다리다가 엘리베이터 문이 열리면 "먼저 타시죠"라며 옆으로 물러섰다. 상사, 선배가 왕 대접 받던 시절이 분명 있었다.

요즘 이런 분위기는 찾아보기 힘들다. 실제로 직원들을 만나보면 혹여 후배 직원의 마음이 상할까 봐, 그래서 직장 못 다니겠다고 사표 쓸까 봐 전전긍긍하며 후배의 눈치를 보는 상사와 선배들이 많다.

이런 흐름에 맞춰 우리 주변에선 자연스럽게 '후배 직원에게 잘해주고 부드럽게 대하는 사람이 곧 좋은 상사이자 선배'라는 공식이 형성되었다. 이런 전반적인 분위기에서 직장 상사와 선배들은 직원들에게 싫은 소리를 하는 것을 부담스럽게 생각하기 시작했다. 부정적인 피드백이나 싫은 소리를 했다가 괜히 후배 직원과 어색한 사이가 될까 봐 걱정하는 이들도 늘어났다.

그런데 정말 '좋은 게 좋은 거지'라며 할 말 안 하고, 나이스하게 대해주는 사람이 좋은 선배일까? 진정성 리더십 Authentic

제가 겉으론 웃고 있지만요

Leadership의 전문가인 구피Rob Goffee 박사와 존스Gareth Jones 박사는 직장 상사와 선배의 역할과 존재 이유에 대해 한 문장으로 정리했다. "리더십은 우정이 아니다This is Leadership, not friendship."

리더는 후배 직원과 친구가 아니다. 훌륭한 리더는 후배 직원과의 감정적 거리를 현명하게 유지한다. 배려하고 소통하기 위해 감정적으로 밀착해야 할 때와 공동의 목표 달성을 위해 이성적으로 판단하고 객관성을 유지할 때를 분간할 줄 안다.

듣기 좋은 말만 하는 사람은 인기투표에서 많은 표를 얻을 수는 있지만 결코 좋은 상사, 좋은 선배, 좋은 사수가 될 수 없다. 좋은 말만 한다는 건 후배를 지도하고 이끌어줄 의지가 없다는 의미이고, 팀과 조직의 목표에 크게 신경 쓰지 않겠다는 뜻으로도 해석할 수 있다. 그러니 조직과 후배 직원을 위해 싫은 소리를 해야 할 상황이라면 피하지 않고 말하는 게 옳다.

예컨대 우리 팀에 매일 지각하는 후배 직원이 있다고 하자. 지각하지 말라고 얘기하면 후배 직원이 무안해질까 봐 말을 안 한다면 어떨까? 일단 후배 직원 본인의 이미지에 당연히 좋지 않다. 게다가 당신은 계속 5분, 10분씩 늦게 들어오는 후배 직원 때문에 신경이 쓰이다가 어느 순간 짜증이 나고, 결국 그와 불편한 관계가 되어버릴 것이다. 당장의 어색한 감정이 만들어지는 걸 피하는 게 능사는 아니다. 나 자신과 상대를 위해 부정적인 감정도 적절히 표현해야 한다.

쓴소리는 나쁜 말이 아니다

그런데 만약 상대방의 발전을 위해 부정적인 피드백을 해주었는데 상대가 제대로 받아들이지 못하고 우울해하거나 쉽게 사기가 꺾인다면 어떻게 해야 할까? 후배 직원이 미워서도 아니고 더 발전하기를 바라며 싫은 소리를 한 건데, 왜곡해서 받아들인다면 어떻게 해야 할까?

우선 후배가 우울해한다고 해서 부정적 피드백을 주지 말아야 할지 고민하지 말자. 쓴소리를 하는 것 역시 당신의 역할이다. 당신의 월급에는 우리 팀이 제대로 돌아가고 팀워크가 깨지지 않도록, 잘못된 걸 바로잡는 감정 노동의 대가도 들어 있다. 이는 후배가 있는 직급 모두에게 해당되는 이야기이기도 하다.

단, 쓴소리를 할 때는 '토마스T.O.M.A.S' 전략에 맞춰서 이야기하면 좋다. 토마스 전략은 적절한 시기Timing, 받아들일 수 있을 만한 피드백의 양Amount, 전달하는 방법Mode, 피드백을 하는 대상Objectivity, 구체적인 내용Specificity을 의미한다. 이 조건들에 맞게 피드백을 전달한다면, 후배로 하여금 '내가 미워서 괴롭히나 보다'라거나 '이유 없이 왜 혼을 내지?' 하는 식의 반응이 나오는 것을 예방할 수 있다.

제가 겉으론 웃고 있지만요

일단 건강한 비판이 되기 위한 적절한 타이밍은 실수를 확인한 그 즉시는 아니다. 후배의 잘못된 행동이나 실수가 발견되었다고 해서 여러 사람 앞에서 지적하는 것은 위험하다. 피드백을 주는 목적은 상대에게 모욕을 주기 위한 것이 아니다. 그러니 부정적인 의견일 경우 더욱 다른 사람이 있을 때는 피하는 게 좋다. 가능한 한 빠른 시간에 일대일로 만나 피드백을 하는 게 시기적으로도 적절하고 감정적으로도 안전하다.

둘째, 한 번에 한 가지 사안만 언급하는 게 좋다. 예를 하나 들어보자. 결혼기념일을 깜빡 잊고 지나친 남편에게 아내가 화를 내고 있다. "어떻게 결혼기념일을 잊을 수가 있어? 결혼한 지 2년밖에 안 지났는데!" 남편이 사과한다. "정말 미안해. 요즘 회사일 때문에 경황이 없었어." 아내는 점점 더 크게 화를 낸다. "생각해보니 당신은 우리 엄마 생신 때도 그냥 넘어갔잖아? 당신 나한테 관심 없지? 내가 무슨 말을 해도 제대로 들어주지도 않고. 주말에 설거지해달라고 해도 손 하나 까딱 안하잖아. 밤에는 왜 이렇게 늦게 들어오는데? 카드도 너무 많이 쓰는 거 아냐?"

아내의 입에서 속사포처럼 남편에 대한 불만들이 한꺼번에 쏟아진다. 결혼기념일을 잊은 것에 대해 진심으로 사과했던 남편은, 아내의 쏟아지는 불평불만의 양에 압도당하고 만다. 굳은 표정으로 아내를 쳐다보던 남편은 아무 말 없이 현관문을 열고 나가버린다.

이런 사례는 일상생활에서 쉽게 찾아볼 수 있다. 너무 많은 양의 부정적 메시지는 상대방으로 하여금 감정적으로 질리게 만든다. 그리고 무엇보다도 자신이 고쳐야 할 점이 무엇인지를 명확히 알 수 없게 한다.

위의 아내처럼 행동하면 내가 하고 싶은 말은 속시원하게 할 수 있을지 모른다. 하지만 상대는 마음의 문을 닫아버릴 수 있다. 당연히 상대의 행동 변화는 기대할 수 없다. 그러니 어떤 사안을 지적할 때는 해당 이슈에 관련된 피드백만 정확하게 짚어서 전달해야 한다. 다른 추가적인 피드백은 별도의 자리에서 따로 전달하는 게 낫다.

셋째, 부정적인 피드백을 전달하는 방법 역시 현명하게 선택해야 한다. 부정적인 감정을 불러일으킬 확률이 높은 피드백은 직접 얼굴을 마주 보고 전달하는 게 좋다. 어떤 사람은 이슈가 있을 때마다 메일이나 문자로 보내기도 하는데 이 방법은 위험하다.

왜냐하면 우선 활자화된 내용은 받은 사람이 두고두고 볼수가 있기 때문에 안 좋은 감정이 지속될 수 있다. 앞서 설명한 바대로 한국은 고맥락 문화권에 속한다. 문자나 단어 그대로를 파악하기보다 그 사이 사이에 내포된 의미를 더 중요하게 생각하고 되새긴다.

제가 겉으론 웃고 있지만요

업무와 관련해 본인이 개발해야 할 보완점을 알려주는 피드백일 경우 먼저 만나서 그 취지를 설명한 후 다시 한번 문서로 일목요연하게 정리해주는 것이 가장 좋다. 이처럼 메일이나 문자는 일방향 소통 방식이라서 당신의 의도를 정확히 전달하지 못할 때가 많다. 우선 상대방의 얼굴을 보며 당신의 진심도 함께 전달하는 게 훨씬 안전하다. 그런 다음 피드백 내용을 활자화해서 상대가 개선해나갈 수 있도록 도움을 주자. 해당 직원의 태도, 매너, 인간관계 등 처세와 관련된 내용 역시 얼굴을 직접 보고 이야기하는 게 좋다. 피드백을 줄 내용이 업무가 아니라 근무 태도나 개인의 취향 등과 관련된 것이라면, 오해가 발생한 확률도 훨씬 커지기 때문이다.

넷째, 중언부언하지 말고 핵심 내용을 한번에 전달한다. 했던 말을 계속 반복하면 구태의연한 잔소리로 전락한다. 이제 빈 종이 한 장을 꺼내 책상위에 올려놓자. 조만간 부정적인 피드백을 전달해야 할 후배 한 명을 떠올려보자. 토마스 전략의 각 단계별로 전달해야 할 내용의 핵심적인 부분만 미리 적어보자.

토마스 전략은 직장 내에서 유용하게 사용할 수 있지만, 가정에서도 감정 소모를 최소화하면서 대화를 할 수 있는 방법이다. 가족들은 서로 익숙하고 편한 사이기 때문에, 상대방 감정에 대한 배려 없이 쏘아대거나 성질 나는 대로 잔소리를 퍼부을 때가 있다. 가까운 사이일수록 감정에 대한 예의가 사라지기 쉽다. 심한 소리를 하고 나서도 "내 마음을 이해하겠지. 다 저를 위해 한 소리니까"라고 한다. 그러나 아이러니하게도 우리가 살아가면서 잊지 못하는 가슴 아픈 말들의 대다수는 가족의 입에서 나온 말들이다. 가까울수록 마음에 더 크고 예리한 상처를 입힐 수 있다. 그러니 부모, 배우자나 자녀 등 가족들에게 부정적인 피드백을 해야 할 때에도 토마스 전략을 기억하며 전달하자.

할 줄 알면 받아들일 줄도 알자

마지막으로 부정적인 피드백 전달과 관련해 당부하고 싶은 것이 있다. 바로 후배들 역시 당신에게 부정적 피드백을 할 수 있도록 열린 마음을 가지라는 것이다.

페이스북의 최고운영책임자 COO인 셰릴 샌드버그는 페이스북에 입사하면서 CEO 마크 저커버그에게 이런 요구를 했다. "저에게 한 가지만 약속해주세요. 일을 하면서 제가 혹시 당신의 신경을 건드리는 게 있다면 어떤 것이든 솔직하게 이야기해주세요."

어떤가? 정말 멋진 말이지 않은가. 나는 이런 자세 덕분에

제가 겉으론 웃고 있지만요

셰릴 샌드버그가 페이스북의 핵심 인재가 되었을 것이라고 생각한다. 그런데 이에 응수한 저커버그도 그 못지않다. "좋습니다. 저도 한 가지 부탁하고 싶어요. 반대로 내가 당신의 신경을 건드리는 게 있다면, 바로 알려주세요."

선배의 입장에서 "나 역시 너의 부정적인 피드백을 받아들일게"라고 말하는 게 쉬웠을까? 결코 쉽지 않다. 선배나 상사로서의 자존심이 있기 때문에 부하직원의 입바른 말은 누구나 달갑지 않다. '나를 무시하나?' 싶은 생각이 들어 후배가 나를 비판하면 기분이 언짢아진다. 그럼에도 셰릴 샌드버그와 마크 저커버그는 처음 일을 시작한 이후부터 매주 금요일 오후에 만나 서로 '솔직한 피드백'을 주고받았다.

선배만 후배에게 부정적 피드백을 전달하는 게 아니라 후배들도 부정적 감정이나 피드백을 선배에게 전달할 기회를 공평하게 가질 수 있도록 해야 한다. 그래야 서로 진정성 있게 싫은 소리도 주고받을 수 있는 견고한 신뢰 관계로 발전한다. 똑같은 지적이라도 평소 신뢰하는 사람이 하면 애정 어린 쓴소리로 받아들인다. 하지만 신뢰가 형성되어 있지 않은 상태에서 지적을 하면 왜곡해서 받아들인다. 상대방이 속이 좁고 못나서가 아니라 인간의 속성이 그렇다. 그러므로 일상의 신뢰를 먼저 쌓아야 한다. 그렇게 되면 부정적인 피드백도 큰 부담 없이 나누는 관계가 될 수 있다.

감정은 주고받을수록 오해가 없어지고, 숨기며 감출수록 오해를 만든다. 당신의 지적 한마디에 쉽게 무너지는 후배가 있다면, "내가 너 미워서 그런 건 아냐. 네가 혹 안 좋은 상황에 놓일까 그러는 거지"라며 감정을 한번 더 다독여주어도 좋겠다. 상대가 특히 감정에 미숙하다면, 그 감정을 풀어주는 일도 조직과 사회를 한발 앞서 경험한 선배의 중요한 역할이다.

때로는 친절하게,
때로는 진지하게
: 초심자 대처법

우리 팀에 신입사원이 들어왔다. 학교를 졸업하고 와서인
지 아직 학생티를 벗지 못해 귀엽다. 회사에서 이러면 안 된
다는 생각을 하면서도 보기만 해도 자꾸만 웃음이 나온다.
실수해도 그 모습이 귀엽다. 혹시 내가 그에게 도 넘는 친절
을 베풀고 있는 걸까? 이래도 괜찮은 걸까?

새로운 존재는 하나같이 신선하다. 신생아, 신입생, 신입사

원은 모르고 서투른 탓에 더 마음이 쓰인다. 더욱이 사람의 속성상 귀엽고 새로운 것 앞에서는 한없이 마음이 약해진다.

이는 감정의 상호작용과 관련이 있다. 상대방의 감정이 강하면, 내 감정의 강도도 강해진다. 상대방이 강해 보이면 나 역시 그에 맞서 싸울 준비를 해야 하므로 내 몸과 감정은 강한 전투 태세로 들어선다. 하지만 상대방이 여리고 약해 보이면, 굳이 강하게 대응할 필요가 없으니 내 마음도 그에 맞게 보드라워진다.

회사에서 만나는 신입사원에게도 이런 감정의 속성이 적용된다. 매일 보던 동료나 후배직원들에 비해 신선하다고 느끼면서, 새순마냥 생동감 있는 존재들을 보호해주고 싶은 마음도 생긴다. '나도 저런 때가 있었나?' 싶어서 감회가 새롭다. 상대가 나보다 어리고 약한 존재라는 인식 때문이다.

하지만 '아직 나이가 어리기 때문에'라든가 '대학을 졸업한 지 얼마 안 되었기 때문에 모르는 게 당연하다'거나 '너무 기죽이면 안 돼'라는 생각으로 같은 실수를 계속 반복해도 눈감아주고 넘어가면 나중에 문제가 생긴다. 이는 조직은 물론이고 후배에게도 안 좋은 영향을 미친다.

아직 미숙해서 나오는 실수들이야 어쩔 수 없지만, 기존에 집이나 학교생활에서 가졌던 버릇과 습관을 회사를 다니면서도 그대로 보이며 이해해주기를 요구한다면 그건 바로잡아야 한다. 무엇보다 사회생활을 시작하는 신입사원이 조직에서 제 몫을 다할 수 있도록 이끌어주고 싶다면 처음이 중요하다. 처음에 지나치게 배려하거나 봐주면, 오히려 조직에 제대로 적응하지 못해 어려움을 겪을 수 있다. 긴장감이 떨어져서 업무 습득도 늦어지고 조직 적응도 더뎌지기 때문이다.

제대로 가르쳐주지도 않고 "왜 이렇게밖에 못해!"라고 윽박지르는 것도 문제지만 잘못된 점이나 개선해야 할 것을 정확하게 지적해주지 않는 것도 문제가 된다.

기쁘고도 두려운 마음부터 이해하기

간혹 부정적 업무 피드백이나 지적으로 인해 신입사원이 스트레스를 받을까 봐 걱정하는 경우가 있다. 사실 그럴 필요가 없다. 스트레스가 무조건 나쁜 건 아니다. 스트레스 없는 인생은 없고, 스트레스 없는 조직도 없다. 이는 너무나도 자연스러운 현상이다. 만약 무인도에서 혼자 살아간다면 스트레스가 없을까? 먹을 것은 충분하고, 날씨는 따뜻하며, 잔소리하는 상사와 가족도 없는 곳에서 산다면 정말 스트레스가 없을까? 물론 아니다. 혼자 산다고 해도 분명히 스트레스는 존재한다. 외로워서 스트레스 받고, 심심해서 스트레스 받고, 마음을 공유

할 사람이 없어 스트레스를 받는다.

다시 말해 우리가 살아가는 한 스트레스 없는 인생이나 직장생활은 불가능하다. 그러니 신입이 스트레스를 받아 힘들어 할까 봐 미리 염려할 필요 없다. 만약 신입사원이 조직 적응 기간 동안 스트레스를 이기지 못해 그만둔다면, 우리 조직에 맞지 않는 사람을 미리 걸러낸 것이라 볼 수도 있다. 적당한 긴장을 갖되, 지나친 걱정은 금물이다.

선배로서 해야 할 일은, 인재를 육성하겠다는 자세로 신입사원을 대하는 것이다. 업무 방식이나 체계 등은 사수로서 정확하게 가르쳐줘야 하고, 조직 구성원으로서 지켜야 할 규율이나 책임, 태도는 선배로서 제대로 알려줘야 한다. 다만 현명하게 신입사원을 다루려면 그가 느끼고 있는 감정 상태를 먼저 이해하는 것이 좋다.

회사에 입사한 신입사원들은 대표적인 감정으로 기쁨을 느낀다. 오랜 기간 동안 마음 졸이던 취업준비생 시절을 마감하고, 이제 어엿한 직장인으로 발을 디뎠다는 기쁨이 크다. 입사 합격통지를 받았을 때, 가족과 주변 친구들로부터 축하 인사를 받으면서 그 기쁨은 더욱 커진다.

하지만 마음 한편에는 '내가 제대로 적응할 수 있을까?' 하는 두려움도 자리잡고 있다. 학생 입장에서 자신이 지금까지 배워온 지식을 현장에서 활용하고 실제 업무를 하는 진짜 사회

제가 겉으론 웃고 있지만요

인으로 입장이 바뀌었기 때문이다. 잘 알지 못하는 것을 해내야 한다는 부담이 두려움을 가중시킨다.

그런데 잘 알지 못하는 사수가 매일 혼만 내면, 그렇지 않아도 두려움을 느끼고 있는 신입사원을 지나치게 위축시킬 수 있다. 게다가 이런 상황이 반복된다면 일종의 트라우마가 생길 수도 있다. 같이 식사도 하고 평소에 자주 이야기도 나누면서 직장생활에 대한 조언을 자연스럽게 해주자. 이렇게 서로를 파악하는 시간을 가지면서 동시에 업무에 대해 지도해주면 훨씬 효과적이다. 신입사원의 감정 상태를 이해하며 감정의 유대감부터 쌓는 것이 좋다.

그렇다고 신입사원이 언제까지나 신입이라는 단어를 달고 다닐 수는 없다. 1년 정도 지나면 자연스럽게 신입이라는 딱지를 떼게 된다. 그때는 업무 방식이나 절차를 새롭게 배우기엔 이미 너무 늦은 시기다. 잘못된 방식으로 적응한 사람을 교정해주는 것은 처음 가르치는 것보다 더 어려운 일이다.

경력과 상관없이 입사는 새롭다

독일의 심리학자 컬트 레빈Kurt Lewin은 조직이 변화하는 과정을 '해빙-이동-재해빙'의 3단계로 보았다. 해빙은 기존에 관습적으로 이루어져 왔던 방식이나 틀이 흔들리는 단계다. 과거의 방식을 돌아보고 새로운 것을 받아들일 수 있도록 감정과 사고의 틀을 버리고 문을 여는 단계다. 두 번째 이동 단계에서는 좀 더 바람직한 상태가 되기 위해 새로운 업무 방식들을 받아들인다. 마지막 재해빙 단계는 새로운 방식과 변화에 익숙해지면서 심리적으로 안정감을 느끼고, 새로운 것들을 탄탄히 굳히는 단계다.

그런데 레빈의 3단계 변화모델은 조직에 대해서만 적용되는 것이 아니라 개인에게도 적용된다. 직장인으로서 해야 할 마인드 교육이나 적응 훈련에도 다 때가 있다. 이제 막 사회생활을 시작하면서 스스로 변화의 의지를 가질 때 자신의 방어막이 느슨해지면서 과거의 습관들이 녹아내린다. 이렇게 모든 것을 배우고 받아들일 자세가 되어 있을 때가 제대로 된 변화를 일으키고 직장의 룰을 훈련시킬 수 있는 최적의 시기다. 감정적으로도 저항감이나 거부감을 가장 적게 느낄 때이기도 하다. 조직과 신입사원 모두를 위해서 이 시기를 놓치면 안 된다.

제가 겉으론 웃고 있지만요

나이 많은 후배와
어린 선배 사이
: 연령과 직급

현장으로 발령 받아 출근해보니 나보다 나이가 훨씬 많은 부하직원이 있다고 해보자. 내 업무 지시도 잘 따르지 않고, 지각도 자주 한다. 감정적으로 불편하고 때론 짜증이 난다. 나이가 어려도 직급상으론 내가 상사인데, 상대방이 어떨 땐 좀 무례하다 싶을 때가 있다. 솔직히 말하면 눈에 들어간 눈썹 같다.

직장인들을 코칭하다 보면, 요즘 들어 현장에서 자주 발생하는 인간관계 갈등 유형이 있다. 다름 아닌 나이 어린 상사와 나이 많은 부하직원 사이에서 생기는 미묘한 갈등이다. 이런 현상은 예전에는 외국계 기업에서나 볼 수 있던 사례였다. 하지만 이제는 우리 기업에서도 자주 만나는 문제가 되었다.

불과 얼마 전까지만 해도 연공서열 중심이던 우리나라나 일본에서는 나이 어린 상사 밑에 나이 많은 직원이 있는 상황 자체가 익숙하지 않았다. 상사는 나이와 연륜이 많고 부하직원은 그보다 어린 것이 당연하게 여겨졌었다. 하지만 어느 순간부터 직장 내에서 나이에 대한 암묵적인 룰이 깨져버렸다. 특히 현장에서 오랫동안 근무하면서 잔뼈가 굵었지만 직급에는 변화가 없는 직원들이 많은 업종에서 이런 상황을 흔하게 볼 수 있다.

이런 경우 상사나 부하직원 모두 서로를 어떻게 대해야 할지 각자의 입장에서 혼란스러워하다가 감정적인 부담만 쌓인다. 당사자들의 마음고생도 굉장히 심하다.

얼마 전 전자회사에 다니는 한 직장인과 밥을 먹으며 이야기를 나눈 적이 있었다. 과장급인 그는 깊게 한숨을 내쉬었다. 이유를 묻자, 부하직원과 불화가 있다고 했다. 입사 후 계속 본사에서 일을 하다가 공장으로 발령을 받아 출근해보니 자기 팀에 일곱 살이나 많은 팀원이 있었다. 그는 공장에서 오래 일했던 터라 자신보다 주변 상황을 더 잘 알고 있었고, 상황 판단도 빠르다고 했다. 그런데 문제는 나이 어린 자신을 상사로 인정하지 않는 것 같은 느낌이 든다는 점이다.

게다가 그 직원이 지각을 했을 때 "지각은 안 하시는 게 좋겠습니다"라고 좋게 이야기를 했는데, 대답도 안 하고 자신을 흘깃 보더니 그냥 가버렸다. "이런 행동을 보인다는 건 그 사람이 저 무시하는 거 맞죠?" 그는 또 한숨을 쉬며 내게 물었다. 게다가 해당 직원은 자기 주장도 강한 편이라 다른 직원들에게 이야기도 많이 하고 나름대로 영향력을 미치고 있어서 더 걱정이라고 했다. 이래저래 마음이 답답해 보였다.

상대만의 경력을 인정하자

이런 상황을 겪어본 적이 있는 사람이라면, 직장생활이 얼마나 답답할지 알 것이다. 이 상태로는 일하기가 힘들 게 불을 보듯 뻔하다. 일하는 데 어려울 뿐 아니라 나중에는 서로 보는 것조차 부담스러워질 수 있다.

사람은 누구나 새로운 곳으로 옮겨갔을 때 긴장하기 마련이고 그만큼 예민해진다. 같은 직장이라도 낯선 공간에서 새롭게 시작해야 한다는 긴장감 때문에 이직한 것 마냥 걱정이 많아진다. 새로운 일을 맡아 잘해보겠다는 의지를 다지며 마음을 다잡는다. 그런데 자신보다 나이가 많고 조직 내 상황을 더 잘 파악하고 있지만, 나보다 직급이 낮은 부하직원이 사사건건 신경 쓰이게 한다면 답답하지 않을 수 없다.

내게 호의적이지 않은 그 직원을 보며 화가 날 것이고, 내 위신이 떨어지는 것 같아 다른 직원들 보기에도 민망할 것이다. 답답함, 분노, 짜증으로 마음이 점점 더 복잡해진다. 이럴 땐 어떡해야 할까? 나이 많은 부하직원과 감정을 원만하게 풀어가는 방법이 과연 있기는 할까? 한 번에 마술처럼 해결하는 만병통치약까지는 아니더라도, 관계에서의 갈등을 풀어갈 방안은 있다.

우선 나이 많은 상대 직원의 입장에 서서 그가 어떤 감정을 느낄지 먼저 헤아려야 한다. 현장에서 잔뼈가 굵은 그는 조직이 부여한 리더 역할은 아니지만 현장에서 실제적인 리더로서의 역할을 하고 있었을 것이다. 그런 이가 나이 어린 상사를 보면서 어떤 마음을 느낄까? 쓸쓸함과 허무함을 느끼고 있을 확률이 높다. 가장 왕성한 시기에 청춘을 바쳐 일해온 자신의 일터다. 이 일만큼은, 이 현장만큼은 내가 가장 잘 안다는 자부심도 컸는데 어느 날 갑자기 본사에서 자신보다 한참이나 어린 상사가 내려왔다. '난 지금까지 뭘 한 걸까? 내 열정을 바쳤던 곳인데….' 마음을 다잡아보아도 허무함이 느껴진다. 자신은 이

제가 겉으론 웃고 있지만요

제 더 이상 쓸모없는 존재가 된 것 같고 아무런 영향력도 없는 무능력자가 된 것 같은 상실감을 느낄 수도 있다. 이성적으로는 상황이 이해되지만, 감정적으로는 납득이 안 되니 자꾸 화도 날 것이다.

원래 화는 여러 가지 감정들과 같이 섞여서 나타날 때가 많다. 이때 소중한 걸 잃어버린 상실감과 허무함 등을 느끼는 동시에 아무것도 할 수 없다는 무력감이 들면 더 크게 화가 난다.

나이 많은 현장 직원은 그래서 일부러 지각을 하기도 하고 반항적인 태도를 보였을 가능성도 있다. 그러니 이런 마음을 헤아리고 감정을 다독이며 대화를 시도해봐야 한다. 일은 일이고, 직급은 직급이라는 태도로 강하게 밀고 나가기보다 먼저 마음을 헤아려주고 존중해주어야 더 안전하게 소통을 시작할 수 있다.

그를 존중하면 나도 존중받는다

당신이 가장 먼저 해야 할 일은 나이 많은 직원을 존중해주는 것이다. 존댓말을 쓰는 것은 당연하고, 상대방의 의견을 무시하는 듯한 행동, 오해의 소지가 있는 행동은 조심하자. 상대방 입장에서는 사소한 것에도 쉽게 예민해질 수 있다. 아직 서로를 모르는 상태에서는 오해도 쌓이기 쉽다. 할 수만 있다면 직급은 뒤로 미뤄두고 인생의 선배로 대접해주는 것이 좋은 관계를 위한 출발점이다.

그런 다음 나이 많은 직원에게 도움을 청해보자. 그에게 멘토 역할을 부탁하자. 새로운 조직이나 팀에 합류한 리더는, 직원들이 다른 누구보다 자신에게 더 많이 의지했으면 하는 바람을 갖는다. 하지만 사람 마음은 억지로 끌어당기면 오히려 역효과가 난다. 직원들과 친해질 기회는 천천히 만들면 된다. 조직의 특성, 직원들의 성향, 업무 중 애로 사항 같은 것을 나이 많은 직원에게 묻고 어떻게 하면 좋을지 조언을 구하자. 상사와 부하직원과의 관계보다는 좀 더 유연하게 유대감을 형성하는 것이 낫다. 조직을 운영하는 데에 도움을 주는 내 편으로 그 사람을 끌어들이자.

직장생활을 어느 정도 하다 보면, 마치 직장이 온 우주의 중심인 것처럼 여겨질 때가 있다. 모든 사람들이 직급으로 나눠지고, 사람을 평가해서 연봉을 매기고, 승진을 통해 상하관계가 형성되는 것이 당연하게 느껴질 때가 있다. 하지만 조금만 깊이 생각해보면, 결코 그렇지 않다는 걸 나도 알고 당신도 안다. 군대에 있을 때는 군대가 세상의 전부인 것만 같다. 서슬 퍼런 선임에게 말대꾸를 하거나 눈을 똑바로 쳐다보는 건 꿈도

제가 겉으론 웃고 있지만요

꾸지 못한다. 하지만 군대를 제대하고 사회에 나와 생활하다가 우연히 길에서 옛날 군대 선임을 만나면 어떤 느낌이 들까? 그도 사복을 입었고 나도 사복을 입고 있다. 처음엔 움찔하다가도 곧이어 이럴 필요가 없다는 생각이 들면 가볍게 인사하며 지나친다. 군대를 벗어나면 계급 같은 건 의미가 없다. 직장도 마찬가지다. 지금은 내가 상사고 그가 부하직원이지만 직장을 벗어나는 순간 직급은 의미가 없다. 사회라는 큰 테두리에서 보면, 나이 많은 직원은 비록 직급은 낮지만 현장의 선배이자 인생의 선배다.

　나이 많은 직원을 존중해줄수록 당신의 마음이 편하고 조직이 편하다. 게다가 당신이 굳이 직급의 권위를 내세우지 않고 상대를 존중하면, 주면에서 알아서 당신을 존중하기 시작한다. 당신이 돋보이고 멋져 보인다. 아무나 그렇게 할 수 있는 건 분명 아니니 말이다.

마음을 연기하는
배우, 몸

직장 내 감정 소통의 첫 번째 목표는 바로 상대방의 '호감'을 얻는 것이다. 좋은 인상을 주어 관계를 돈독히 하는 것이 목표이므로, 상대에게 비춰지는 내 모습이 당연히 중요하다. 간혹 어떤 사람들은 "있는 그대로의 내 모습을 보여줬는데 상대방이 싫다면 어쩔 수 없죠. 일부러 상대방에게 잘 보이기 위한 행동을 해서 억지로 마음을 얻고 싶진 않아요"라고 말한다.

맞는 말이다. 내가 아닌 나로 꾸며서 상대의 비위를 맞춰서라도 마음을 얻을 것까진 없다. 이것이야말로 가식이다. 그런데 있는 그대로의 내가 아닌 전혀 다른 나로 사람들에게 비춰진다면 어떨까? 이건 문제가 다르다. 실제의 나와 상대가 인식하는 내가 다르다면 말이다.

예컨대 누군가를 좋아하고 있다고 가정하자. 그와 좋은 관계를 쌓고 싶고, 지속적으로 잘 지내고 싶다. 그런데 상대는 자꾸 내 행동을 오해

한다. 상대가 내가 한 행동을 내 의도와는 전혀 다르게 받아들이는 것 같다. 이럴 때 자신의 감정 표현 방식과 표정, 몸짓 등에 대해 점검해 볼 필요가 있다.

몸은 벌써 말하고 있다

유명한 강연자나 정치인들 중에는 자신의 생각을 효과적으로 표현하는 사람들이 많다. 자신의 열정을 말뿐만 아니라 표정과 몸짓을 통해 사람들에게 전달한다. 청중은 연설자의 말보다 그가 보여주는 표정과 몸짓을 통해 진심을 먼저 읽는다.

연설자가 아니어도 마찬가지다. 당신의 표정은 이미 상대방에게 다양한 메시지를 전달하고 있다. 예를 들어 평소 습관적으로 눈살을 찌푸리고 입꼬리를 자주 내린다면, 상대방은 당신에 대해 아는 것이 별로 없더라도 당신을 신경질적인 사람이라고 판단할 것이다. 양쪽 입꼬리가 위로 살짝 올라가 있고 눈 주위의 긴장감이 없이 편안한 표정이라면 당신을 보자마자 친절하고 사교적인 사람이라고 생각할 확률이 높다. 상대는 당신을 당신이 짓는 표정과 몸으로 판단한다.

우리는 우리의 표정을 모른다

표정과 몸짓에 관련된 코칭을 하면서 대다수의 사람들이 자신의 모습을 객관적으로 관찰한 적이 없다는 걸 새삼 느낀다. 당신은 어떤가?

스스로 웃는 모습을 본 적이 있는가? "자, 사진 찍습니다. 하나, 둘, 셋!"에 맞춰 증명사진용 미소를 만들어 사진을 찍은 것 말고, 평소 자신이 어떻게 웃는지를 구체적으로 알고 있는가? 지금 거울 앞으로 가서 한번 웃어보자. 매력적으로 보이는가? 아니면 비웃는 것처럼 보이는가? 그도 아니면 표정이 굳어서 미소처럼 보이지 않는가? 표정은 당신 본인보다 주변 사람들, 가족과 직장 동료, 고객들이 매일 보고 있다. 호감이 느껴지지 않는다면 지금 당장 표정을 바꿔야 한다. 주위 사람들과 잘 지내고 싶다면 지체할 이유가 없다.

자주 꾸준히 나를 관찰하라

모든 감정 소통 훈련은 현재 자신의 모습을 정확히 인지하는 데에서 시작된다. 감정을 효과적으로 표현하기 위한 훈련에서는 더욱 그렇다. 다음과 같이 시행해보자. 이 방법은 기업 코칭에서는 물론, 나 역시 타인에게 비춰지는 내 모습이 어떤지 궁금할 때 실천하고 있는 유용한 방식이다.

Step 1 의자를 하나 가져다놓고 카메라 혹은 휴대전화로 의자가 비춰지도록 각도를 맞춰서 설치한다.

Step 2 녹화 버튼을 누르고 의자에 앉아 카메라를 바라보며, 다음 내용을 하나씩 이야기한다.

- 나의 이름
- 지금까지의 업무경력
- 하는 일
- 개인적인 관심 분야
- 지난 주말에 한 일 등

● 카메라를 사람으로 가정하고 응시하며 이야기해도 좋고, 당신 앞에 의자나 인형을 놓아두고 상대가 있는 것처럼 가정하고 이야기해도 좋다.
● 녹화 시간은 약 3~4분 정도면 충분하다.
● 멈추지 말고 처음부터 끝까지 무조건 녹화하자. 마음에 안 들고 제대로 못한 것 같아도 녹화를 멈추지 않는다. 이 훈련은 내용이 중요한 것이 아니다.

Step 3 녹화된 영상을 돌려보면서 평상시 자신이 어떤 표정과 몸짓을 짓는지 확인한다.

Step 4 영상에서 나타난 모습 중 개선하고 싶은 부분이 있다면 그 부분에 집중해 바꿔보자. 예컨대 얼굴이 경직되어 보이거나 화가 난 것처럼 보인다면 거울을 보고 표정을 부드럽게 짓는 연습을 한다. 처음에는 낯설고 어려울 수 있지만, 반복하다 보면 점차 나아지는 모습을 발견할 수 있다.

표정은 눈썹과 입 모양에 큰 영향을 받는다

표정을 바꿀 때 가장 중요한 부위는 눈썹과 입이다. 두 부위에만 신경 써도 마치 다른 사람처럼 느껴질 정도니, 가장 즉각적인 효과를 볼 수 있는 방법이다. 다시 거울 앞에 앉아보자. 우선 눈썹을 살짝 위로 올려보자. 그렇게 하면 눈꺼풀이 올라가면서 자연스럽게 눈의 크기가 커진다. 이 상태에서 가벼운 미소를 짓는 것처럼 입꼬리를 살짝 올려보자. 한결 밝아진 표정을 확인할 수 있을 것이다.

밝은 표정은 상대방의 호감을 이끌어내는 데에도 효과가 있지만 스스로의 감정을 밝게 만드는 데에도 직접적인 영향을 미친다. 기분이 좋으면 웃지만, 반대로 웃다 보면 기분이 좋아지는 원리다. 이는 몸과 감정이 별개가 아니라 하나로 연결되어 움직이기 때문이다.

여기에서 한 단계 더 나아가 상대방의 마음을 끌어내고 싶다면, 상대방이 말하는 중간 중간 고개를 천천히 끄덕여주며 경청하는 모습을 보여주자. 경청하는 모습, 동의하는 모습은 상대방의 말에 집중하고 있으며 그 말에 동의한다는 감정 신호를 주기적으로 보내주는 행동이다.

당신의 간단한 표정 변화로도, 한두 가지 단순한 행동만으로도 상대방의 마음을 더 빨리 열 수 있고 긍정적인 관계를 맺을 수 있다. 누군가와 소통을 하면서 마음을 얻는 데에 복잡한 기술은 필요 없다.

마치 연기하는 것처럼 상대가 좋아할 만한 표정을 지어보자. 마음을 얻기 위한 방법은 좋은 말투, 세심한 배려, 예의 바른 태도 등 많지만 가장 즉각적으로 좋은 반응을 얻을 수 있는 것은 믿음이 가는 첫인상이다. 나를 객관적으로 관찰하고 반듯하게 포장해보자. 당신의 몸은 마음을 어떤 존재보다도 잘 꾸며낼 수 있는 배우다.

- 표정으로 불평하지 않아요

- 웃고 싶지 않을 때 필요한 가면

- 천천히 웃어야 마음이 깃든다

- 겉과 속이 다른 표정은 벗어두자

- 상대의 감정을 찌르는 손가락질

- 체온의 따뜻함이 아픔을 녹인다

- 활짝 편 어깨가 당신의 자신감이다

- 중요한 사람이 되려면 자리의 중앙으로

- 마음을 얻고 싶다면 눈에 가득 담아라

4장

드러낼 땐
능숙하고 자신있게

－오해 받지 않는 표현－

표정으로
불평하지 않아요

특정 감정을 느끼면 표정으로 바로 나타나는 사람들이 있다. 느끼는 감정들이 그대로 고스란히 밖으로 드러나는 사람들이다. 감정이 다른 사람들에게 투명하게 드러나는 경우, 이를 순수하다거나 솔직하다고 볼 수도 있다. 하지만 직장생활을 하는 경우에는 즉각적인 표정 변화 때문에 곤란한 상황이 많이 발생한다. "오늘 저녁 시간들 괜찮아? 회식 어때?" 대답도 하기 전에 이미 뭘 먹으러 갈지 핸드폰 검색에 들어간 차장님을 바

제가 겉으론 웃고 있지만요

라보는 내 표정에 열받은 속마음이 그대로 담겨 있다면? "어쩌겠니, 네가 능력이 좋아서 일이 몰리는 것을…." 칼퇴근하면서 장난처럼 던지는 동료의 말에 반감을 느끼는 내 마음이 그대로 표정에 드러난다면? 순수한 것도 좋고 솔직한 것도 좋지만, 부정적인 감정이 적나라하게 상대방에게 매순간 드러나면 원만한 대인관계를 맺을 수가 없다.

같이 일하다 보면 서로 부딪힐 때도 있고, 불편한 상황이 발생할 수도 있다. 그런데 마치 투명한 창문처럼 내 부정적인 감정이 밖으로 내비쳐진다면 짧은 순간이지만 상대는 나에 대한 마음의 문을 닫아버릴 수 있다. 게다가 그 상대가 나에게 중요한 상사라면 차원이 달라진다.

그럼에도 기분 나쁠 때마다 얼굴이 굳어지는 걸 본인도 어쩌지 못하는 경우가 많다. "저도 안 그러고 싶은데, 감정이 얼굴로 나타나는 걸 어떡해요?" 자신 스스로도 답답하다. 나도 모르게 얼굴부터 굳어진다면, 표정을 유하게 바꾸는 몇 가지 방법들을 시도해보자.

굳어진 눈썹을 풀어놓기

우선 눈썹을 위로 힘껏 끌어올렸다가 한순간 탁 내려놓는 걸 반복하는 방법이 있다. 짜증, 화, 격분과 같은 감정들을 느낄 때 얼굴에서 나타나는 특징을 생각해보자. 자세히 살펴보면 눈썹이 가운데로 몰리면서 아래로 내려앉는다. 기분이 나쁠수록 눈썹은 더 내려간다. 그래서 눈썹과 눈의 간격이 좁아진다.

반면에 기분 좋은 사람들의 얼굴을 살펴보면, 눈썹이 위로 올라가 있다. 주말에 신나는 나들이 계획을 논의할 때, 친구들과 재밌는 수다를 떨 때, 갑자기 웃음을 터뜨릴 때 사람들의 눈썹 위치를 관찰해보자. 눈썹은 평소의 얼굴표정보다 위로 올라가 있다. 그렇기 때문에 눈썹을 위로 올리면, 화가 난 듯한 표정을 순간적으로 바꿀 수 있다. 지금 당장 거울을 앞에 두고 실험해보면 스스로의 표정 변화를 느껴볼 수 있다. 한 번은 눈썹을 아래로 내리고 거울을 본 후, 그 다음에는 눈썹을 위로 치켜올린 후 거울을 본다. 인상 자체가 달라진다.
이 방법을 얼굴이 굳어졌을 때 적용하면 효과를 볼 수 있다. 나도 모르게 잔뜩 긴장해서 내려간 눈썹을 의도적으로 이마 쪽으로 끌어올렸다가 내려뜨리기를 네다섯 번 반복하면 굳어진 표정을 푸는 데 큰 도움이 된다.

제가 겉으론 웃고 있지만요

안면 근육에게 스트레칭을

두 번째 방법은 볼에 바람 넣기다. 아마도 주변에서 귀여움과 깜찍함을 강조하기 위해 양쪽 볼에 바람을 넣는 사람을 본 적이 있을 거다. 예를 들면 만나기로 약속한 시간을 30분이나 넘긴 애인이 양 볼에 바람을 넣고는 "한번만 봐주라~"하고 애교를 보이는 경우 등이다. 또는 우리집 막내에게 "귀여운 모습 보여줘봐~"하고 말하면, 양 볼을 부풀리면서 볼에 살짝 손가락을 대고 포즈를 취하는 경우도 해당된다. 양 볼에 바람을 넣으면 상대방으로 하여금 웃음을 터뜨리게 하는 깜찍한 모습도 연출되지만, 턱의 긴장감을 풀어주는 효과 만점의 행동이기도 하다.

우리는 앞서 화가 났을 때 무엇보다 턱의 긴장감이 강해진다는 점을 살펴보았다. 입술이 얇아지면서 턱에 강하게 힘이 들어가는 게 화가 났을 때나 무언가 못마땅할 때 나타나는 특징이다. 이때 양 볼에 바람을 넣고 좌우로 움직이면, 자연스럽게 턱에 들어갔던 긴장이 풀어진다. 게다가 상대방 입장에서는 이런 행동을 하는 나를 보면, 화가 났을 거라는 생각을 하지 못한다. 화가 난 사람이 양쪽 볼에 바람을 넣는 경우는 흔치 않기 때문이다.

상사나 고객, 타 부서 담당자 등 앞에서 내가 마음이 불편하고 화가 났다는 걸 알리고 싶지 않다면, 또는 최대한 숨겨야 할 상황이라면 얼굴 스트레칭을 해보자. 얼굴의 긴장감을 푸는 위의 두 가지 응급조치가 도움이 될 것이다.

웃고 싶지 않을 때
필요한 가면

웃고 싶지 않은 데 웃는다는 건 슬픈 일이다. 이건 무엇보다 내 자신에게 못할 짓이다. 내 마음은 온갖 부정적인 감정들이 휘몰아치고 있는데 겉으로는 웃어야 한다면, 얼마나 내 자신에게 미안한 일인가. 이런 식의 감정노동은 스스로를 지치게 만들고 일에 대한 흥미를 떨어뜨린다. 자존감과 결부되기 때문이다. 속마음과 상관없이 억지로 웃는 행위는 본인에게도 긍정적인 영향을 주지 않지만, 그걸 바라보는 타인에게도 결코 긍정적이지 않다.

요즘 사람들은 시각적인 것에 민감하다. 그래서 타인의 표정이나 몸짓, 행동을 봤을 때, 정확하게 콕 집어 왜 그런지에 대한 이유는 설명할 수 없을지 몰라도 나름대로의 느낌을 갖는다. 혹시 그런 경우를 겪은 적이 있는지 생각해보자. 어젯밤에 전화도 안 받고 어디에 있었느냐는 내 질문에 대해 애인이 "어제 친구가 속상한 일이 있다고 해서 둘이서 술 한잔 했어"라고 답한다. 딱히 말 자체에는 의심스러운 점이 전혀 없지만, 나를 뭔가 속이고 있다는 느낌을 받는다.

오랜만에 고향 부모님 집에 가서 잘 지내셨냐고 안부를 묻는데, "아무 일도 없다" 하신다. 애써 태연한 척하는 부모님을 보면서 그게 아니라는 느낌을 받는다. 곰곰이 생각해보면, 이런 비슷한 경우들은 많다. 말과 표정, 상황이 제각각인 것 같은 느낌은 상대를 불편하게 한다.

불쾌한 감정을 느끼면서 웃지 말라는 것도 바로 이 때문이다. 기분이 안 좋으면 그 감정은 반드시 표정과 몸으로 아주 작은 부분으로라도 드러난다고 했다. 그런데 부정적인 감정을 밖으로 표출하지 않는 것 자체도 힘든 마당에, 오히려 웃는 표정으로 덮기까지 한다면 어떨까? 매우 기괴스러운 표정이 나올 수 있다. 웃는 것도 우는 것도 아닌 이상한 표정이 만들어진다.

예를 들면 눈썹은 아래로 잔뜩 내려가 있어서 불쾌함을 드

러내고 있는데 입은 억지로 웃는 모양새를 떠올려보자. 입꼬리
는 위로 올라가서 얼핏 보면 웃는 것처럼 보이지만 사회생활을
어느 정도 한 사람이라면 대번에 눈치 챈다. "억지로 웃고 있구
나." 그리고 속의 감정과는 완전히 정반대의 감정을 보이며 미
소짓는 당신에게 의심을 품는다.

이런 상황에서는 불쾌함을 억누른 억지 웃음보다는 무표정
이 훨씬 낫다. 무표정 자체가 좋다는 것이 아니라, 내 마음이 편
치 않고 그걸 상사에게 알리고 싶지 않다면 그냥 표정을 풀어
놓으라는 것이다. 앞서 배웠던 '볼에 바람넣기'를 활용해도 좋
다. 스스로 "멍한 표정을 짓자"라고 암시를 하면서, 얼굴의 긴장
감을 푼다.

벽지나 책상 위에 놓인 볼펜 등을 멍하게 바라보는 것도 방
법이다. 우리는 살면서 매순간 표정을 지을 필요가 없다. 어느
순간 내 마음에 일종의 장벽을 칠 필요가 있다고 생각되면, 무
표정을 활용하는 것도 좋다.

천천히 웃어야
마음이 깃든다

사람들은 미소가 언제 어디서나 통한다고 믿는다. 웃으면 복이 들어오고, 웃으면 상대방의 마음을 더 쉽게 얻을 수 있을 거라고 생각한다. 당연히 밝은 미소는 사람의 마음을 풀어준다. 하지만 경우에 따라서는 함박웃음을 보이지 않는 게 나을 때도 있다.

중요한 고객을 처음 만나는 자리라고 가정해보자. 만나기 전부터 긴장한 채로 명함을 챙겨들고 고객을 기다린다. 고객이

제가 겉으론 웃고 있지만요

다가와서 말을 건네면 고객을 보자마자 기쁨에 겨운 듯 활짝 웃는다. 왜냐하면 웃는 얼굴에 침 못 뱉고, 웃으면 복이 오니까!

하지만 고객과 처음 만난 사이인데 그렇게까지 미소를 짓는 게 과연 감정적으로 자연스러운 행동일까? 그 미소가 마음에서 우러나오는 진짜 미소일까? 입장을 바꿔 생각해보자. 누군가 나를 처음 봤는데 영문 모를 함박웃음을 짓고 있다. 아직 인사도 안 했고 통성명도 안 했는데, 나를 보며 활짝 웃고 있다. 심지어 나를 발견하고는 20미터 전부터 아예 미소를 지으며 내게 다가온다. 그 모습이 너무 과하게 느껴지지 않을까?

모든 표정의 관건은 속도다

"그럼 처음 만났을 때 아예 웃지 말라는 것인가요?" 물론 아니다. 다만 웃음에도 타이밍이 중요하다는 뜻이다. 계속해서 강조한 것처럼 현대인들은 감정적으로 민감하다. 처음 만났을 때 그 사람에게 신뢰가 가는지, 믿을 만한지, 앞으로도 쭉 같이 알고 지내도 좋을지 등을 직감으로 판단한다. 첫인상은 시간이 흐르면 바뀌기도 하지만, 바뀔 때까지는 함께하는 절대적 시간이 필요하다. 그러니 첫인상을 처음부터 긍정적으로 형성하는 게 좋다. 서로 마주하기도 전에 멀리서부터 활짝 웃으며 다가

가면, 마치 아무나 보고 웃는 쉬운 사람으로 비춰지거나 고객에게 어떻게든 잘 보이려고 애쓰는 것처럼 느껴질 수 있다. 고객을 처음 만났을 때 밝게 웃으면 좋은 타이밍은, 명함을 주고받은 다음이다. 즉 자신을 소개한 뒤에 미소를 짓는 것이 신뢰를 쌓는 데 더 도움이 된다.

미소를 짓는 속도도 중요하다. 빠른 시간 안에 활짝 웃는 미소는 신뢰를 현격히 떨어뜨린다. 실제로 빠르게 나타나는 미소는 대개 거짓일 확률이 높다. 그리고 대부분은 경험적으로 이런 사실을 알고 있다.

얼마 전 휴대전화를 수리할 일이 있어 고객센터를 방문한 적이 있다. 기다리는 고객들로 북적이고 있었다. 대기표를 가지고 한참을 기다렸다가 차례가 되어 겨우 창구로 다가가니, 상담직원이 무표정하게 컴퓨터를 응시하고 있었다. "안녕하세요, 문의드릴 게 있어서 왔는데요"라고 말을 건네자, 상담 직원은 갑자기 내게로 고개를 돌리더니 "아, 예, 앉으세요!"라고 대답했다. 그러고는 활짝 웃어 보였다. 양쪽 입꼬리는 완전히 귀쪽으로 잡아당겨져 있었다. 단 1~2초 사이에 무표정에서 함박웃음으로 바뀌다니, 진심으로 표정의 변화가 놀라웠다. 그런데 이 미소를 보고, 상담 직원이 마음에서 우러나온 웃음을 지었다고 느끼는 사람은 없을 것이다. 나는 직원분의 미소를 보고 안쓰러움을 느꼈다. 고객이 많아 식사도 제대로 못했을 텐데 게다가 미소까지 지속적으로 보여야 하니 얼마나 힘들까?

이런 미소는 완벽한 직업적 미소, 가짜 미소다. 그렇게라도 웃는 게 좋지 않을까 생각할 수도 있지만 가짜 미소라고 느끼는 순간 상대방의 마음에 감동은 없다. 진정성이 느껴지지 않기 때문이다.

상대방의 신뢰를 얻을 수 있는 미소는 몇 초 내에 빠르게 나타나는 미소가 아닌, 천천히 나타나는 미소다. 처음부터 치아를 보이며 웃는 것보다 처음에는 살짝 미소를 머금다가 웃음이 번지는 것처럼 차츰 치아를 드러내며 천천히 보이는 미소가 더 많은 신뢰를 준다. 신중하고 책임감 있게 일을 처리할 것 같은 느낌을 상대에게 심어준다.

눈으로도 웃어야 진심이 담긴다

미소 짓는 속도와 더불어 웃음에서 중요한 것이 바로 눈 모양이다. 입꼬리만 올린다고 미소가 만들어지는 건 아니다. 거울을 한번 보자. 현재 눈 모양을 그대로 유지한 채 입꼬리만 올려서 웃어보자. 매우 부자연스럽고 진정성이 결여되어 보인다. 이번에는 거울을 보기 전에, 최근 재밌게 본 코미디 프로그램이나 즐거웠던 기억을 떠올려보자. 미소가 머금어진다면 그때 거울을 보자. 눈 모양이 좀 전과는 분명 다를 것이다. 게다가 이번에는 볼까지 살짝 북받쳐 올라가면서 눈 모양이 반달 모양 비슷하게 바뀌었을 것이다. 미소를 지으면서 눈의 크기도 좀 작아진다. 이 미소가 사람의 마음을 이끌어내는 진짜 미소다.

어떻게 웃느냐에 따라 처음 만났을 때 신뢰를 더 많이 얻을 수도 있고 형식적으로 대한다는 느낌 때문에 신뢰를 얻는 데 시간이 오래 걸릴 수도 있다. 미소 하나로 당신의 고객, 파트너, 업무, 성과에 많은 영향을 미친다는 것을 기억하자.

제가 겉으론 웃고 있지만요

겉과 속이 다른 표정은
벗어두자

어느 날 일을 마치고 집으로 퇴근했다. 그날따라 업무가 많았고 스스로 지쳤다는 느낌이 들었다. 현관으로 들어가 신발을 벗는데, 아이가 뛰어나왔다.

"엄마, 나 태권도 대회에서 우승했어!" 팔짝팔짝 뛰는 아이를 보며 "우와! 멋진데!" 하는 감탄사와 함께 웃었다. 그러고는 옷을 갈아입고 있는데 아이가 여전히 흥분을 가라앉히지 못한 채 방으로 들어와 의자에 앉았다. 태권도 대회에서 우승했던 이야기를 더 하고 싶었던 모양이다. 그런데 신나게 말하던 아이가 내 표정을 잠깐 물끄러미 보더니 이렇게 말했다. "엄마, 근데 안 좋은 일 있었어? 무표정이야. 난 엄마의 무표정한 얼굴이 싫은데."

그 말을 듣고 정말 깜짝 놀랐다. 나는 집에 들어온 내내 내가 웃음을 짓고 있다고 생각했다. 그런데 아이의 눈에 비친 내 표정은 완전히 달랐던 것이다. 마침 화장대 앞에 서 있던 나는 얼른 거울에 비친 내 얼굴을 바라보았다. 세상에! 진짜 가면을 쓴 것처럼 내 얼굴은 무표정이었다.

나는 아직도 아이의 그 말, "난 엄마가 무표정할 때가 제일 싫다"는 말을 잊지 못한다. 무표정한 사람과는 그 어떤 대화도, 소통도 하기 어렵다. 상대방에게 자신을 드러내지 않는 사람과 대체 무슨 말을 할 수가 있을까. 물론 앞에서 곤란한 상황을 모면하기 위해 감정을 감추는 전략으로 무표정을 활용하는 경우도 있다. 부정적인 감정을 드러내지 않기 위해 무표정을 일종의 가면으로 쓰는 것이다. 하지만 누군가와 소통이 필요한 시점이라면 무표정은 적절하지 않다.

갓난아기들이 점차 주위 사물들을 볼 수 있는 시력이 갖춰지면, 엄마와의 본격적인 소통을 시도한다. 그런데 태어난 지 얼마 안 된 아기는 말을 할 수가 없기 때문에, 엄마의 표정을 통해 감정을 읽고 반응하려 한다. 엄마가 웃으면 아기도 따라 웃고, 엄마가 얼굴을 찌푸리면 아기의 표정도 변화한다. 일종의 '미러링mirroring' 효과다. 미러링은 거울을 보는 것처럼 상대방의 표정과 자세를 따라 하는 것이다. 상대방의 표정과 자세를 따라 할수록 상대방과 유대감이 형성되고 감정적으로 더 가깝게 느껴진다. 그래서 상대방의 마음을 얻고 싶은 사람들의 경우 미러링 효과를 얻기 위해 비슷한 자세를 의도적으로 취하기도 한다.

아기는 엄마에게 절대적으로 의존하는 존재다. 그래서 엄마의 표정과 행동을 곧잘 따라 한다. 중요한 건 아이가 엄마와 비슷한 표정을 지으면서 엄마가 느끼는 감정과 비슷한 감정까지 느끼게 된다는 점이다. 엄마가 감정적으로 우울하거나 지쳐 있으면 얼굴 표정이 사라진다. 그런 엄마의 표정을 보는 아기는 마치 가면을 쓴 엄마를 본 것처럼 어떤 감정도 읽어내지 못한다. 더 이상 엄마와 감정을 소통할 수가 없어진 아기의 표정 역시 어두워지고 감정 상태도 행복해질 수 없다.

직장에서도 마찬가지다. 당신이 무표정하면 당신과 함께 일해야 하는 직원들은 소통을 하기 어려워 감정적으로 피곤해진다. 그래서 조직에서 영향력이 큰 위치에 있는 사람일수록 자신의 표정을 관리할 필요가 있다.

평소의 얼굴부터 확인하기

그렇다면 어떻게 내 표정을 관리해야 좋을까? 우선 거울을 들여다보며 스스로를 지속적으로 관찰하자. 아침에 일어나서 세수하기 전이나 머리를 빗거나 로션을 바를 때 자신에게 기본값의 표정이 무엇인지를 살펴보자.

물론 일상적인 일들을 하면서 항상 활짝 웃을 필요는 없다. 다만 스스로 틈만 나면 습관처럼 짓는 표정을 확인할 필요는 있다. 즉 자신이 자주 짓는 베이스 라인 표정이 무엇인지를 알아두자. 그 표정이 내 전체 이미지를 좌우하는 것일수도 있다. 책상 위에 거울을 놓고 업무 중에 스스로의 표정을 살펴본다. 평소 자신의 표정을 인지하는 데 도움이 될 것이다.

이맛살을 계속 찌푸리는지, 입술을 앙다무는 표정을 자주 짓는지, 아무 에너지 없는 무표정한 얼굴로 상대방을 대하는지 스스로를 체크하자. 자신의 베이스 라인을 알면 바꾸기가 훨씬 쉽다. 이맛살을 덜 찌푸리려고 노력하고, 입술의 힘을 빼며, 상대방과 대면할 때는 눈을 조금 더 크게 뜨고 상대방을 바라보며 생기 있는 표정을 지으면 된다.

상대를 통해 나를 확인하기

또 다른 방법은 함께 지내는 사람에게 내가 어떤 표정을 자주 짓는지 물어보는 것이다. 가족이나 친구들에게 "평소에 내 표정 어때?"라고 물어보자. 가족들은 좀 더 부담 없이 이야기해 줄 것이다. "평소에 이맛살을 찌푸릴 때가 많아.", "표정이 밝은 편이지.", "가만히 있으면 살짝 화난 것 같아." 등등.

만약 화가 난 게 아닌데도 주변 사람들이 자꾸 당신에게 "화났어? 기분 안 좋아 보이는데?"라고 말한다면 의식적으로 표정을 밝게 바꿀 필요가 있다. 내 표정 때문에 다른 사람들이 다가오지 못한다면 참 안타까운 일이다.

"난 원래 표정이 없어요"라며 포기하지 말자. 다른 사람이 당신과 소통할 수 있는 상태로 표정을 바꿔야 한다. 얼굴은 스스로의 명함이자 대변인이다.

게다가 보여지는 것도 중요하지만 표정은 내면의 감정 상태에 영향을 미치기 때문에 더욱 관리해야 한다. 무표정하면 감정 역시 무미건조해진다. 표정이 어두우면 감정도 곧바로 어두워진다. 표정과 몸, 그리고 감정은 따로 노는 것이 아니라 패키지로 항상 같이 움직이니까 말이다.

상대의 감정을 찌르는
손가락질

누군가와 이야기를 나누는 도중 그가 내게 손가락질을 해서 기분 나빴던 적이 있는가? "당신 앞으로 조심해!"라는 식의 공격적이고 기분 나쁜 말도 아니고, 그냥 평범한 이야기를 나누는 중에 말이다. 무심코 손가락으로 나를 가리켰는데, 왠지 기분이 나빴던 경험이 한 번쯤은 있을 것이다. 손가락으로 나를 가리킨 단순한 행동만으로 놀림 당하는 것 같고, 나만 문제인 것 같고, 괜히 기분이 언짢아진다.

제가 겉으론 웃고 있지만요

사실 상대의 손가락질에 기분이 나쁜 것은 매우 당연한 것이다. 손가락으로 가리키는 행동은 사람들로 하여금 부정적인 느낌을 갖게 한다. 사람들은 말의 내용보다는 손짓, 몸짓, 표정 같은 비언어적인 메시지를 먼저 인지한다. 다시 말해 어떤 말을 듣던 그 내용을 해석하기도 전에 손가락으로 가리키는 제스처를 보고 부정적인 느낌부터 먼저 받아들인다는 뜻이다. 그렇기 때문에 손가락이 상대에게 향하는 제스처는 각별히 조심해야 한다.

손가락으로 가리키는 행동은 대개 좋은 의미로 해석되지 않는다. 우리는 사회적으로 지탄받을 일을 했거나 비윤리적인 행동을 한 사람에게 "손가락질 당할 만하다"라고 표현한다. 손가락으로 가리키는 행동 자체가 긍정적인 신호가 아니기 때문에 손가락질을 당한 사람은 대화의 내용, 상황에 상관없이 불쾌한 감정을 반사적으로 느낀다. 이는 "지하철역으로 가려면 어느 방향으로 가야 하나요?"라고 묻는 사람에게 가야 할 방향을 손가락으로 가리켜 알려주는 것이나, "너, 오른쪽 입가에 뭐 묻었다"라고 알려주며 입가를 가리키는 것과는 다르다.

특별히 무언가를 가리킬 이유가 없는데도 "거기 가봤어? 맛있지?"라며 계속 손가락질을 한다면 십중팔구 상대의 감정은 점차 나빠질 수 있다.

대화의 내용보다 몸짓이 먼저다

단지 손가락으로 가리켰을 뿐인데, 어떻게 그 단순한 제스처 하나만으로 사람의 감정이 움직이는 걸까? 이와 관련된 연구를 직접 진행한 적이 있다. 손가락질을 하고 있는 사람의 사진을 사람들에게 보여주고, 연상되는 단어를 적어보라고 요청했다. 사진을 본 사람들은 대부분 총, 칼, 뾰족한 못, 비판, 질책 등 부정적인 단어들을 적어냈다. 손가락질을 보는 순간 무의식적으로 공격이나 꾸중을 듣는 것 같은 느낌을 받은 것이다.

상처 받기 쉬운 제스처, 손가락질

제가 겉으론 웃고 있지만요

사람은 말로만 메시지를 전달할 수 있는 건 아니다. 손짓, 발짓, 눈빛, 몸의 방향, 고개의 끄덕임 등을 통해 상대방에게 끝없이 메시지를 보낸다. 우리는 말이 아닌 비언어만을 사용하여 "넌 한심한 사람이야"라는 메시지를 얼마든지 전달할 수 있다. 상대방은 모욕적인 말을 직접 들은 건 아니지만, 느낌으로 안다. 내용 때문이 아니라 손가락질 때문에 상대방의 감정이 쉽게 달아오르고 자극된다. 대번에 자신을 무시하고 있다는 느낌을 받고, 분노와 미움의 감정이 생긴다.

누구라도 기분 나쁠 날카로운 동작

이런 일은 부모와 자녀 사이에서도 자주 나타난다. 요즘 부모들은 자녀에게 욕을 하거나 대놓고 심한 말을 하는 상황을 만들지 않으려 한다. 좋은 부모 되는 법에 관한 프로그램이나 서적 등을 접한 요즘 부모들은 자녀에게 되도록 말조심을 해야 하다고 생각한다. 하지만 막상 표정과 몸짓은 신경 쓰지 않을 때가 많다. 말로는 심하게 대하지 않지만 눈빛과 행동으로 자녀에게 상처를 준다.

자녀가 내 뜻대로 움직이지 않거나 공부를 게을리하면 자신도 모르게 아이를 노려본다. 그리고 손가락으로 가리키며 말한다. "너 그렇게 공부 안 해서, 대학 못 가도 나중에 내 원망하지 마!" 부모가 생각하기에는 심한 말도 아니고 그냥 엄포만 준 것 같지만, 부모의 차가운 눈빛과 손가락질로 아이는 감정에 큰 상처를 입는다.

특히 사춘기 자녀를 둔 부모는 아이가 얼마나 예민한지를 매 순간 느낄 것이다. 그래서 사춘기 자녀의 감정을 자극하는 행동은 하지 않는 게 현명하다. 혼내지 말라는 것이 아니다. 감정적으로 상처주지 말라는 뜻이다. 사춘기 아이들의 뇌는 가장 공격적이고 자극 받기 쉬운 상태다. 뇌의 발달상으로 아직 합리적으로 판단하고 감정을 조절하는 전두엽이 완성되지 않은 시기이기 때문에 쉽게 흥분하고 분노한다. 상황을 이성적으로 판단하려고 하기보다는 눈에 보이는 몇 가지 현상만으로 즉각적인 판단을 내릴 때가 많다. 특히 말하는 부모의 표정과 몸짓 등을 본 후 즉시 감정을 폭발시킨다.

과거의 나를 떠올려보자. 통금 시간을 지나 늦게 들어온 나를 보고 화가 난 엄마가 얼굴에 손가락질을 하며 화를 낸다. "너 지금이 몇 시야? 약속을 지켜야 한다고 몇 번 말했어?" 손가락으로 가리키지 않고 이야기할 때보다 반항심은 최소 5배 이상 커진다. 엄마가 내게 전달하고 싶었던 메시지는 '앞으로는 늦지 말고, 약속했으면 지켜야 해'였다. 그리고 다음부터 이

제가 겉으론 웃고 있지만요

런 일이 발생하지 않도록 주의를 주는 것이었다. 반항이나 증오심을 갖게 하려는 건 전혀 아니었을 것이다. 그런데 모욕적인 손가락질은 마음에 부정적인 감정들을 심어놓는다. 약속을 지키지 않은 것에 대해 좀 더 강한 메시지를 주고 싶다면, 손가락 하나를 펼쳐서 흔드는 대신 손바닥 전체를 사용해야 한다. 손바닥을 펼쳐 보이며 설명하면, 포용하는 느낌을 주기 때문에 상대를 설득하고 싶을 때 도움이 된다. 덜 위압적이고 덜 공격적으로 보인다. 꾸중을 받아들이는 아이의 태도가 좀 더 부드러워질 것이다.

부모와 아이의 예를 들었지만 직장에서도 상황은 동일하다. 당신이 현재 감정이 불쾌하고 흥분되어 있을수록 손가락을 사용할 확률이 높다. 하지만 당신이 손가락질을 하는 순간 상대방 역시 더 크게 흥분한다. 누군가와 대화할 때, 특히 원만하게 문제를 해결하고 싶다면 손가락질로 상대의 감정을 자극해서 불편하게 만드는 상황은 만들지 말자.

체온의 따뜻함이
아픔을 녹인다

살아가면서 서로의 감정을 다독이며 사는 건 중요하다. 누구나 그렇듯 살다 보면 인생 곳곳에 크고 작은 슬픔들이 배어 있다. 슬픔은 누구나 느끼는 인간의 기본 감정 중 하나다. 슬픔에는 절절히 사무치는 슬픔도 있고, 칼날에 손끝을 베이듯 날카로운 아픔처럼 느껴지는 슬픔도 있다. 다양한 상황을 겪으면서 그때마다 자신의 슬픔을 싸매고 견뎌야 하는 건 세상을 살아가는 인간의 숙명이다.

그런데 이렇게 슬픔을 느낄 때 자기 스스로를 돌보고 챙기는 것도 필요하지만, 누군가 옆에서 위로를 해주면 슬픔에서 좀 더 빨리 빠져나올 수 있다. 슬픔이라는 감정은 원래 몸과 마음을 처지게 하고 바닥으로 가라앉게 만드는 경향이 있는데, 한 명이라도 손 내밀어 일으켜주면 빠르게 회복될 수 있다.

한 인간이 다른 인간에게 얼마나 큰 영향력을 미칠 수 있을까? 그 힘은 우리가 생각하는 것 이상이다. 우리는 마음만 먹으면 깊은 슬픔에 빠져 있는 사람을 건져올릴 수도 있고, 좌절하고 쓰러져 있는 사람을 일으켜 세울 수도 있다. 우리 모두에게는 큰 그 힘이 분명히 있다.

체온은 가장 빠른 위로다

그렇다면 슬픔을 느끼는 상대를 어떻게 위로할 수 있을까? 먼저 따뜻한 말을 건네볼 수 있다. 자책감에 시달리는 사람에게 "네 잘못이 아니야"라고 말해줄 수 있고, 원하는 일이 이루어지지 않아 속상해하는 사람에게 "지금은 아직 때가 아닌 것뿐이야"라고 말해줄 수 있다. 그런데 힘든 상황을 겪어본 사람이라면 이런 말이 직접적인 위로가 되지 못한다는 걸 알 것이다. 지치고 속상한 상황에서 온전히 내 탓만은 아니라는 사실과 아직 적당한 때가 아닐 거라는 생각은 본인도 안다. 하지만 내 감정이 내 뜻대로 움직이지 않아서 답답하고 안타까운 것이다.

몇 해 전 연말에 있었던 일이다. 내가 운영하는 연구소에서 한 해를 마무리하는 조촐한 모임을 가졌다. 함께 일해온 교수 님들을 모시고 감사의 말씀도 전하며 새해를 맞이하고 격려하 는 자리였다. 모임을 마치고 교수님 한 분을 지하철역까지 마 중했다. 나는 교수님과 헤어지기 전에 "올 한해 고생 많으셨어 요!"라고 말씀드렸다. 그러자 그분도 나를 보며 "고생 많으셨어 요!"라고 하셨다. 그러다 갑자기 결심한듯 이렇게 말했다. "한 번 안아드리고 싶어요!" 그러고는 두 팔을 크게 펼치더니 나를 흠뻑 안아주었다. 많은 사람이 지하철역 안으로 들어가고 나오 느라 북적대는 그 장소에서 말이다.

사람 많은 곳에서 다 큰 어른들이 서로 안고 등을 다독여주 는 게 사람들 보기에 민망하기도 하고 어색했을 것 같지만 사 실 전혀 그렇지 않았다. 그 순간 나는 뜬금없이 눈물이 고였다. 누군가 나를 이렇게 따뜻하게 안아준 게 얼마 만인가. 누군가 나를 이렇게 두 팔을 활짝 벌려 안아준 게 언제쯤이었지? 일 년 동안 지치고 힘들었던 마음이 한순간 말랑말랑해지고 촉촉 해지는 느낌이 들었다. 그 포옹 딱 한 번으로 말이다.

제가 겉으론 웃고 있지만요

말로 다른 사람을 위로하는 것도 좋다. 하지만 우리는 그보다 더 본능적이고 직접적인 위로를 전달할 수도 있다. 바로 몸을 통해서 말이다. 몸짓언어를 연구하는 학자들 사이에서 '신체 접촉의 법칙'은 이미 그 효과가 잘 알려져 있다. 신체 접촉의 법칙은 몸이 닿으면 더 빨리 마음이 열린다는 법칙이다. 선거에 출마한 후보자들은 거리에서 사람들을 만나면 가장 먼저 악수를 한다. 만나는 사람마다 악수를 청하고 손을 잡는다. 그냥 "안녕하세요? 기호 1번 ○○○을 기억해주세요"라고 말로만 하는 것보다 굳이 악수를 청하는 것도 바로 체온의 힘 때문이다. 사람들 중 누군가는 해당 후보자를 만나 악수를 하기 전에

슬픈 사람에게 건네는 위로의 스킨십

마음을 열고 가까워지는 스킨십

는, 그 후보자가 마음에 안 들었을 수 있다. 그런데 우연히 거리를 지나다가 그 후보와 악수를 하고 나면 이상하게 친근하게 느껴진다. 그래서 친구에게 "원래 나 그 사람 별로였는데 직접 보니까 괜찮더라구! 한 번 뽑아볼까 해"라고 말하게 될 확률이 높다.

제가 겉으론 웃고 있지만요

무리하지 않고 무례하지 않게

신체 접촉의 중요성을 설명하는 또 다른 경우를 보자. 연애를 하다 보면 당연히 싸우는 때가 있다. "너 그런 행동 하지 말라고 어제도 말했잖아!" 화를 내고 나서 어떻게 상대를 달래줘야 할까? 잠시 시간이 흐른 후에 시무룩한 애인을 불러다가 "네가 똑같은 잘못을 반복하니까 내가 속상해서 그런 거야. 내 마음 알지? 자, 이제 우리 서로 화 풀자"라고 설명해주면 상대의 속상했던 마음이 금방 회복될까? 그렇지 않다. 상대는 마음이 풀리지 않은 채 여전히 당신에게 삐져 있을 수 있다.

이럴 때 가장 빠르게 관계를 회복하는 방법은 안아주는 것이다. 체온을 느끼면 감정이 빠르게 회복된다. "내가 아까 소리 질러서 미안해" 하고 바로 상대를 안아주자. 상대의 어깨를 두드려주거나 등을 쓰다듬어주자. 머리에 손을 살짝 갖다 대어도 좋고, 어깨동무를 해주어도 좋다. 스킨십이 이루어지면 속상했던 감정에서 빨리 회복되는 건 분명하다.

위로가 필요한 사람에게 감정을 풀어주고 힘이 되어줄 수 있는 비언어적 소통 방법은 무궁무진하다. 단, 그 사람과 얼마나 친한지, 현재 상대의 감정 상태가 어떤지, 연장자인지 어린 사람인지 등등 상대에 따라 표현 방식은 달라져야 한다.

직장에서는 진심과는 별개로 신체 접촉이 과하면 문제가 될 수 있다. 사회생활을 일정 기간 한 사람이라면, 어느 정도까지의 신체 접촉이나 비언어 소통법이 가능한지는 대략 기준을 알고 있을 것이다. 과한 건 금물이다. 후배 직원들이 야근할 때 "요즘 고생 많지? 일찍 퇴근도 못 하고 말야"라며 가볍게 등을 두드려주거나, 힘들어하는 동료의 어깨를 가볍게 두드려주는 건 응원 정도로 통한다. 평소 기본적인 신뢰관계가 형성된 사이라면 말이다.

활짝 편 어깨가
당신의 자신감이다

인간관계와 리더십의 대가인 존 맥스웰John Maxwell은 자신의 책『태도The Power Of Attitude』에서 이렇게 이야기한다.

"성공한 사람들은 지금껏 두려움을 느끼지 않았을 거라고 다들 생각한다. 하지만 인류 역사상 두려움을 느끼지 않는 세대와 사람은 없다."

두려움도 모든 인간이 갖는 기본 감정 중 하나다. 큰 사업을 일으키고 세계적인 인물로 각광받는 유명 인사들 역시 과거에 두려움을 느꼈고 지금도 매 순간 두려움을 느끼며 살아간다. 성공한 CEO를 대상으로 한 수많은 인터뷰나 책들을 보면 탁월한 사업 수완과 경험을 가진 그들조차 사업을 하면서 매 순간 두려움을 느낀다고 답했다. 이처럼 두려움은 누구나 느끼는 매우 자연스러운 감정이다.

당신은 어떤 순간에 두려움을 느끼는가? 청중들 앞에서 발표하기 위해 단상 위로 올라갈 때 다리가 후들거리며 몸이 떨리는가? 연봉 협상을 앞두고 상사와 성과 면담을 시작할 때 두려움을 느끼는가? 늦은 밤 귀갓길에 가로등이 꺼진 골목을 혼자 걸어가면 식은땀이 나는가? 친구들과 본 공포영화가 계속 떠올라 한밤중에 등골이 오싹해지는가? 회사에서 구조조정이 있을 거라는 소문에 '혹시 나도 해당되나?' 걱정할 때 공포가 밀려오는가? 친구들은 결혼해서 아이도 낳고 잘 사는데 나는 만나는 사람조차 없을 때 이대로 나이만 먹는 건가 싶어 마음이 조여오는가?

상황은 여러 가지겠지만 우리는 언제든 두려움을 경험하며 살아간다. 하지만 모두가 느끼는 감정이라고 해도, 때로는 다른 사람에게 두려움을 들키고 싶지 않을 때가 있다.

두려움은 가끔 자신감이 된다

B2B(기업 대 기업) 영업을 담당하는 지인이 있다. 한번은 회사의 핵심 고객을 만나러 갔는데 고객사의 부사장이 미팅에 갑자기 합류했다. 큰 무리 없이 다음 분기 계약 건에 대해 이야기를 하고 있었는데, 막상 부사장이 참석하니 떨렸다. 혹시 실수를 해서 계약이 무산될까 봐 두렵기도 했다. 설명을 하는 내내 책상 밑의 다리는 덜덜 떨렸고, 두 손은 서로 맞잡은 채 쥐어짰다. 하지만 이런 어려운 자리를 위해 그동안 훈련해온 덕분에 두려움을 들키지 않고 미팅을 무사히 마쳤다고 했다.

이런 상황들은 누구나 비슷비슷하게 겪는다. 경쟁 PT를 해야 하는 프리젠터, 협상에 나선 영업 담당자나 매니저 등 직장 생활을 하면서 우리는 두려움을 감춘 채 아무렇지 않은 듯 보여야 할 때가 있다. 그렇다면 어떻게 떨리는 상황에서도 당당한 모습을 보일 수 있을까? 답은 의외로 간단하다.

자신감은 원래 자세에서 온다

두렵고 떨리는 순간, 두 가지만 기억하면 된다. 두 가지 행동만으로도 엄청난 차이가 생길 수 있다. 그건 바로 어깨를 펴고, 상대를 정면으로 응시하는 것이다. 이렇게 하면 불안하고 두려워하고 있다는 것을 들키지 않을 뿐 아니라 자신감을 스스로 불러일으킬 수 있다. 하나씩 살펴보자.

먼저 어깨는 자신감의 정도를 가장 적나라하게 보여주는 대표적인 신체 부위다. 마음속에 걱정, 불안, 슬픔, 좌절, 자격지심 등의 감정이 생겨나면 어깨는 구부러지고 앞으로 기울어진다. 마치 거북이가 등껍질 속으로 목을 한껏 집어넣은 것처럼 움츠러 있다. 반면에 즐거움, 자부심, 기쁨, 신남, 흥분 등을 느낀다면 의도하지 않아도 어깨가 평소에 비해 곧추세워진다. 그래서 어깨를 축 늘어트리면 "무슨 일 있어?"라며 걱정하는 소리를 듣는다. 그러니 일단 어깨부터 쫙 펴자. 자신감이 없을수록 어깨를 당당하게 펴자. 신기하게도 어깨를 펴면 몸 어디선가 자신감이 조금씩 솟아나는 느낌이 든다. 이는 힘이 나서 기합을 지르는 것이 아니라 기합을 지르고 나니 힘이 생기는 것과 비슷한 이치다.

다음으로 시선은 상대방을 바라볼 때 흔들리지 않고 힘 있게 응시해야 한다. 자신감이 없는 사람은 시선이 불안하게 흔들린다. 시선이 상하좌우로 자꾸 옮겨 다닌다. 상대방은 당신이 눈을 마주치지 못하는 것을 보고 대번에 불안해한다는 사실을 알아차린다. 설사 마음속에 두려움이 있다 하더라도, 상대

제가 겉으론 웃고 있지만요

시선과 어깨를 통해 드러나는 자신감

방과 시선을 교환할 때는 힘을 주어 응시해야 한다. 그렇다고 계속 상대방의 눈만 쳐다볼 필요는 없다. 눈싸움을 하자는 건 아니다. 상대방을 바라본 후 2~3초 지나서 천천히 서류로 시선을 옮기거나 다른 대상을 쳐다보면 된다. 그런 다음 다시 상대방의 눈을 쳐다보는 식이다. 불안정하게 그리고 재빨리 시선을 움직이지 않으면 된다. 여유를 가지고 자연스럽게 대상을 응시하자.

누군가와 협상을 할 때도 마찬가지다. 협상 테이블에서는 내가 쥔 패를 들키면 단번에 불리해진다. 그런데 마음이 조급하고 쫓길수록 자기도 모르게 시선 이동이나 고개의 끄덕임 등 행동이 빨라진다. 이렇게 허둥대는 모습을 보이면 협상에선 당연히 불리하다. 떨릴수록 의도적으로 천천히 상대를 바라보고 손짓 제스처를 활용해 여유 있게 움직여야 한다.

이 두 가지만 제대로 기억하고 실천에 옮길 수 있다면, 당신이 지금 자신감이 없고 마음이 떨려서 쓰러지기 직전이라는 사실을 아무도 눈치채지 못할 것이다. 그리고 신기하게도, 이러한 방법들을 스스로에게 적용해보면 실제로 자신감이 내면에서 점차 차오르는 걸 직접 경험할 수 있다.

제가 겉으론 웃고 있지만요

중요한 사람이 되려면
자리의 중앙으로

유독 구석 자리를 좋아하는 사람들이 있다. 회식, 친구들과의 모임, 가족 식사 자리 등 어디에서나 가장자리나 구석진 곳에 앉고 싶어 한다. 그런 사람들은 자리에 들어서자마자 위치를 파악하고 구석으로 향한다. 한두 번은 그렇다 쳐도, 사람들이 모일 때마다 구석 자리를 고집한다면 어떤 이미지를 갖게 될까? 그렇게 형성된 이미지는 어떤 문제를 발생시킬까?

흐름이 닿지 않는 구석 자리

그런데 구석에 앉아 있는 사람을 보면, 자신감이 넘쳐 보인다거나 모임에서 중요한 사람이라는 느낌은 들지 않는다. 물론 구석진 자리가 주는 장점은 있다. 아늑하고 보호받는 듯한 느낌이 들기도, 안락함이 느껴지기도 한다. 마음의 안정을 찾는 데 도움이 될 때도 있다. 하지만 모임에서 중요한 사람이라는 걸 사람들에게 보여주고 스스로도 그렇게 느끼고 싶다면, 가능하면 자리의 중앙 쪽에 앉아야 한다.

그림 A, B를 보자. 같은 사람이지만, 완전히 다른 느낌을 준다. 그림 A에서 오른쪽 구석에 앉은 남자는 어딘지 의기소침해 보인다. 사람들의 눈치를 살피는 것도 같고, 그 모임에서 있으나 마나 한 존재처럼 보인다. 마치 그 모임에 초대 받지 못한 불청객이 갑자기 모임에 끼어든 것처럼 어색하다.

반면 그림 B에서 정중앙에 앉은 남자는 그림 A와 같은 자세를 취하고 있음에도 느껴지는 분위기가 완전히 다르다. 자신감이 넘쳐 보이고 파워를 가진 사람처럼 보인다. 주위 사람들 역시 남자에게 주목하며, 그의 이야기에 경청하는 것처럼 보인다. 어디에 앉고 서느냐는 우리가 생각하는 것 이상으로 큰 영향력을 발휘한다.

제가 겉으론 웃고 있지만요

　『침묵의 언어The Silent Language』의 저자인 인류학자 에드워드
홀Edward Hall은 물리적 거리와 위치 등이 감정 소통에서 중요하
다고 보았다. 어떤 위치에 앉느냐에 따라 상대방과 좀 더 효과
적으로 대화를 나눌 수 있을 뿐만 아니라 대화의 주제까지 달
라질 수 있다고 말한다.

마음은 마주봐야 열린다

또한 어떤 각도로 상대방과 앉아 이야기하느냐에 따라 상대 마음이 열리는 정도 또한 확연히 달라진다. 아마도 일상생활에서 서로 마주보고 대화할 때보다 옆에 나란히 앉아 이야기할 때 더 활짝 마음이 열리면서 속마음을 쉽게 털어놓은 경험이 있을 것이다. 마음을 편안하게 만드는 각도에서 대화하면 상대의 긴장감이 더 빨리 풀어진다.

옆의 그림 C, D, E를 차례대로 살펴보자. 그리고 직장 또는 가정에서 상대방과 대화할 때 각각 어떤 각도로 앉는 게 좋을지에 대해 생각해보자.

그림 C는 책상을 가운데에 마주하고 서로 바라보며 대화하는 위치다. 이런 위치에서는 어떤 내용을 더 효과적으로 나눌 수 있을까? 직장에서라면 현재 진행되는 업무 현황, 업무 진행 시 문제점, 상대방에 대한 업무상 요청 사항 등 공식적인 업무 내용이 적합하다. 책상은 서로에게 적절한 거리를 만들어주므로 사적인 내용보다는 공적인 내용을 이야기하기에 좋다. 그래서 이렇게 책상을 가운데에 두고 마주 본 상태에서 상대방에게 "요즘 개인적으로 가장 고민되는 문제가 뭐예요?"라고 묻는다면 상대방은 쉽게 마음을 열지 않는다. 책상은 일종의 심리적

ㄴ 드러낼 땐 능숙하고 자신있게
: 오해 받지 않는 표현

장벽으로 작용한다. 즉 그림 C의 구도는 감정적 거리가 그리 가까운 구도가 아니다. 그런데 이런 위치에서 갑자기 사적인 질문을 하면 제대로 된 대답이 나올 확률은 거의 없다. 그저 "별일 없어요"라는 형식적인 답변만 듣게 될 것이다.

그림 D는 책상 안쪽 자리로 상대방이 의자를 가져와 당신의 공간 안에 앉은 구도다. 책상이 당신과 상대방 사이에 있지 않고 옆으로 치워져 있는 모양새다. 이럴 때는 공식적인 대화와 함께 업무를 하면서 느끼는 개인적인 애로 사항, 주변 동료들과의 협업이 안 되어 겪는 마음고생 등 업무와 관련은 있지만 개인적 감정이 개입된 일들을 이야기하기에 적합하다.

그림 E는 사무 공간에 있는 느낌이라기보다 휴게 공간이나 카페에 나란히 앉은 듯한 구도다. 이런 구도에서는 매우 사적인 이야기도 나눌 수 있다. 가정 문제로 힘들어하는 동료를 상담해주거나, 최근 연애 문제로 고민이 많은 후배에게 조언해주기에 적합하다. 마찬가지로 가정에서는 육아로 지친 아내를 위로해주거나 인간관계로 스트레스를 받고 있는 남편을 다독일 때 이렇게 나란히 앉아 이야기를 나누면 좋다.

하지만 당신의 지시를 잘 따르지 않는 안하무인 후배를 혼내거나 요청한 자료를 제때 주지 않는 다른 팀 담당자를 재촉할 때 그림 E처럼 나란히 앉는다면 상황은 불리해진다. 권위나 단호함보다는 친밀함이 강조된 구도이기 때문이다. 어떤 각도로 어떤 위치에 앉느냐에 따라 당신이 상대방의 감정에 미치는 효과는 확연히 달라진다.

마음을 얻고 싶다면
눈에 가득 담아라

빌 클린턴Bill Clinton 미국 전 대통령은 분명 사람의 마음을 사로잡는 매력이 있다. 그의 정치 이력을 보면, 한 번의 낙선을 빼고는 주지사에 4번 연속 당선되었고, 46살의 젊은 나이에 미국 대통령이 되었다. 더불어 미국 역사상 프랭클린 루스벨트 대통령 이후 52년 만에 재선에 성공한 대통령이기도 하다.

심지어 백악관 여직원 르윈스키와의 성추문 사건이 발생하고 나서도 그를 지지하고 감싸는 사람이 많았다. 사람의 마음을 끄는 특별한 무언가가 없다면 불가능한 일이다. 도대체 그에게는 어떤 특별한 매력이 있었던 걸까?

내 눈에는 당신만 보여요

여러 가지 매력 요인이 있겠지만 사람들은 가장 특별한 것으로 빌 클린턴의 시선을 꼽는다. 이는 이미 미국 정치권에서도 많이 회자된 바 있다. 그를 실제로 만나본 사람들은 그가 자신을 바라보던 눈빛을 잊지 못한다고 이야기한다. 표정과 행동을 연구하는 학자들 역시 빌 클린턴의 카리스마는 눈빛에서 시작된다는 연구 논문들을 발표했다.

도서 요약 서비스를 제공하는 블링키스트Blinkist의 공동 설립자이자 편집 책임자인 세바스천 클레인Sebastian Klein은 "빌 클린턴은 상대방을 바라볼 때, 마치 온 우주에 오로지 상대방만 존재하는 것처럼 느끼게 만든다"라고 했다.

주변이 시끄럽고, 사람들은 북적대도 빌 클린턴은 '내 눈엔 오로지 당신만 보여요'라는 분위기의 시선을 상대방에게 보낸다. 그리고 상대방은 자신을 소중하게 바라보던 빌 클린턴을 절대 잊지 못한다. 강렬한 인상이 남아 열렬한 팬이 된다.

시선은 상대와 유대관계를 맺는 시작이며, 마음의 문을 여는 데 중요한 요소이다. 애니메이션 〈슈렉〉에 나오는 장화 신은 고양이를 떠올려보자. 갑자기 적을 만났을 때, 장화 신은 고양이가 눈을 크게 뜨고 초롱초롱 눈을 빛내며 적군을 바라본다. 그런 눈빛을 마주한 적이 없는 적군은 갑자기 전의를 상실한다. 상대방에게 온전히 집중하는 눈빛은 상대의 마음을 무장해제시키는 강한 힘이 있다.

시선 상대에게 제대로 건네는 법

그렇다면 어떻게 이런 눈빛을 가질 수 있을까? 세바스천 클레인은 상대방의 마음을 얻는 데에 도움이 되는 효과적인 방법을 다음과 같이 제시했다.

첫째, 우선 눈앞에 있는 사람에게만 집중하겠다고 마음먹는다. 상대가 내게 중요한 사람이라고 여기면서 이 순간 오로지 상대방의 말과 행동에만 관심을 갖겠다고 다짐하는 것이다.

주말에 소개팅을 하러 나갔다고 가정해보자. 다행히 만난 상대방이 꽤 마음에 든다. 다소 북적이는 레스토랑 분위기 속에서 사람들이 테이블 주위로 왔다 갔다 한다. 그리고 당신은 레스토랑에 들어오는 사람들의 움직임을 한눈에 볼 수 있는 자리에 앉아 있다. 상대방이 물어본다. "어떤 음식 좋아하세요?"

상대의 신뢰를 떨어뜨리는 시선 회피

당신이 답한다. "저는 고기도 좋아하고, 회도 잘 먹습니다. 그리고…." 그때 레스토랑 문이 열리며 손님이 들어온다. 당신은 상대방을 보며 이야기하다 시선을 돌려 방금 들어온 손님을 쳐다보고는 다시 말을 잇는다. "아, 한식 종류는 다 잘 먹어요. ○○ 씨는 어떤 음식 좋아하세요?" 상대방이 대답하기 시작한다. "전 샐러드랑…." 그때 갑자기 테이블 옆으로 누군가가 빠르게 지나간다. 당신은 다시 시선을 돌려 그 사람을 힐끗 쳐다본다.

이렇게 시선이 자꾸만 이리저리 움직인다면 당신 앞에 앉아 있는 사람은 어떤 생각을 하게 될까? 아마도 당신은 상대가 자신에게 관심이 없으며 결과적으로 상대를 별로라고 생각하고 있을 게 분명하다. 시선이 자꾸만 움직인다는 건 집중을 못 하고 있음을 보여주는 행동이다. 상대방의 기분이 상하는 건 당연한 결과다.

오고 가는 사람들을 쳐다보지 않을 자신이 없다면 일부러 상대만 보이는 자리에 앉는 것이 낫다. 문을 등지고 앉거나, 아예 벽을 향해 앉는 방식으로 상대방에게만 시선을 두도록 하는 것이다. 이렇게 앉는 자리를 처음부터 세팅하는 것도 상대방 한 사람만을 바라보겠다는 결심을 다지는 방식 중 하나다. 다른 곳을 바라볼 가능성을 애초부터 차단하면 어쨌든 상대방에게 집중할 수 있는 여건이 조성된다.

둘째, 시선을 편안하게 이동시킨다. 상대에게 집중하는 것이 좋다고 해서 뚫어져라 바라보면 상대방은 시선에서 자유롭지 못해 숨이 턱 막히고 만다. 결혼을 안 한 남자 후배들 중에 나한테 이렇게 묻는 후배가 있다. "상대방을 뚫어져라 계속 쳐다보면, 내가 호감을 느낀다는 신호로 받아들이고 좋아하겠죠?" 착각하면 안 된다. 지금 주변에 누군가 사람이 있다면, 아무 말 없이 그 사람을 뚫어지게 바라보자. 상대가 어떤 행동을 보이는가? 미소를 보이는가? 물론 처음에는 그럴 수 있다. 그런데 계속 상대방을 쳐다보면 결국 "왜 자꾸 쳐다보는데? 부담스럽게시리"라고 말할 것이다.

상대방에게 집중하면서 다른 데 한눈 팔지 말라는 것이지,

마주 볼 때 생기는 건강한 교감

상대방만 주구장창 바라보라는 의미가 아니다. 내 시선을 편안하게 움직여줘야 자연스럽다. 상대방에게 어느 정도 시선이 머물렀다면, 테이블 위에 놓인 서류나 커피잔, 벽 등에 잠시 눈길을 줬다가 자연스럽게 다시 상대방에게로 시선을 옮기자. 주기적으로 상대방과 눈을 맞추면서 시선을 이동시키면 된다.

셋째, 누군가와 만날 때는 스스로 편안한 상태여야 한다. 예를 들어 너무 덥게 입었거나 너무 얇게 입어 추운 경우, 자꾸 머리가 흘러내린다는 등 다른 부분에 신경 쓰다 보면 내 마음도 불편해지고 상대에게 집중하기가 어려워진다. 마음을 얻기 위해선 자신의 감정 상태부터 편안하게 만들어놔야 한다. 내가 처한 상황이 편안해야 누군가의 마음도 편안하게 해줄 수 있다.

관심을 표현하는 법에
관심을 가지세요

배꼽의 방향은 정주행

누구나 자신에게 관심을 보여주는 사람에게 끌린다. 반대로 자신에게
별 관심이 없어 보이는 사람에겐 호감이 있다가도 지속하기가 어렵다.
사람들은 상대가 나에게 관심이 있는지 없는지를 몸의 방향을 보면서
본능적으로 판단한다.

예를 들어 당신이 배꼽의 방향을 TV에 고정시킨 채 고개만 돌려 가족
을 쳐다봤다면 가족들은 마음이 상할 수 있다. 배꼽의 방향은 마음의
방향이다.

그러니 상대방의 호감을 이끌어내고 싶다면, 당신의 몸을 상대방을 향
해 틀어서 상대방과 정면으로 마주하게 만들어라. 배꼽의 방향을 상대
에게 맞추면 된다.

제가 겉으론 웃고 있지만요

손은 최대한 가만히

사람은 불안해지면 스스로의 몸을 쓰다듬으며 안정을 찾으려고 한다. 대표적으로 마음이 긴장되고 불안할 때가 바로 면접볼 때다. 이때 면접장에서 두 손을 비비거나 한 손으로 다른 쪽 팔을 쓰다듬으면, 자신감이 없어 보이고 위축되어 보인다. 때로는 뭔가를 숨기는 것처럼 보일 수도 있다.

중요한 사람 앞에서 또는 매우 긴장된 자리에서, 자신의 몸 어딘가를 만지지 않도록 주의하자. 손으로 얼굴을 만지든, 입을 가리든, 두 손을 맞잡든, 손바닥으로 자신의 허벅지를 쓰다듬든 그 모든 행동이 부정적인 효과를 불러올 수 있다. 이런 행동은 당신이 느끼는 불안감을 내비치는 신호이기 때문이다. 중요한 자리에서 이런 행동들을 한다면 당신의 본래 모습을 보여주기도 전에 기회를 잃을 수 있다.

동작은 가능한 천천히

긴장하면 자신도 모르는 사이에 행동이 빨라진다. 말하는 속도나 걷는 속도 모두 빨라진다. 그런데 말이나 행동이 빨라지면 마음이 더 조급해지고, 그 결과로 마음의 균형은 쉽게 무너진다. 하지 않아도 될 말을 하게 되고 돌아서며 후회한다.

이럴 때는 의식적으로 말하는 속도와 먹는 속도, 손짓을 느리게 조절한다. 그러다 보면 당신의 긴장감이 어느 정도 풀리고, 상대방은 당신이 긴장했다는 사실을 눈치채지 못한다.

자세는 마치 기도하듯

일명 '신의 자세'라는 제스처가 있다. 다른 말로 뾰족손이라고도 한다. 오프라 윈프리, 스티브 잡스 등 카리스마 있는 인물들이 주로 많이 보였던 자세다. 마치 기도하는 것처럼 두 손을 맞대고 모아진 두 손 끝을 턱이나 입 주변에 살짝 갖다댄다. 이 자세를 취하면 가볍다기 보다는 신중하고 사려 깊은 전문가의 이미지를 강조할 수 있다. 업무 회의를 할 때 또는 카리스마를 보여야 할 순간에 이 자세를 적극 활용하자. 한 순간에 당신의 이미지가 달라 보인다.

제가 겉으로 웃고 있지만요

제가
겉으론
웃고
있지만요

1판 1쇄 **인쇄** 2019년 11월 22일
1판 1쇄 **발행** 2019년 12월 5일

지은이 함규정

발행인 양원석
본부장 김순미
편집장 최두은
책임편집 이정미
일러스트 동렬
디자인 RHK 디자인팀 박진영, 김미선
해외저작권 최푸름
제작 문태일, 안성현
영업마케팅 최창규, 김용환, 윤우성, 양정길, 이은혜, 신우섭, 유가형,
                김유정, 임도진, 정문희, 신예은, 유수정, 박소정, 강효경

펴낸 곳 ㈜알에이치코리아
주소 서울시 금천구 가산디지털2로 53, 20층 (가산동, 한라시그마밸리)
편집문의 02-6443-8827   **구입문의** 02-6443-8838
홈페이지 http://rhk.co.kr
등록 2004년 1월 15일 제2-3726호

ISBN 978-89-255-6807-2 (03190)